教养的捷径

经济学思维下的高效养育路线

董磊——著

中国妇女出版社

图书在版编目（CIP）数据

教养的捷径 ：经济学思维下的高效养育路线 / 董磊
著. -- 北京 ：中国妇女出版社，2023.10
ISBN 978-7-5127-2293-4

Ⅰ.①教… Ⅱ.①董… Ⅲ.①家庭教育 Ⅳ.①G78

中国国家版本馆CIP数据核字（2023）第163341号

责任编辑：王海峰
封面设计：末末美书
责任印制：李志国

出版发行：中国妇女出版社
地　　址：北京市东城区史家胡同甲24号　　邮政编码：100010
电　　话：（010）65133160（发行部）　　65133161（邮购）
网　　址：www.womenbooks.cn
邮　　箱：zgfncbs@womenbooks.cn
法律顾问：北京市道可特律师事务所
经　　销：各地新华书店
印　　刷：小森印刷（北京）有限公司

开　　本：165mm×235mm　1/16
印　　张：16
字　　数：160千字
版　　次：2023年10月第1版　　2023年10月第1次印刷
定　　价：59.80元

致女儿：

不是因为有我，你成了今天的模样。

而是因为有你，我成了今天的模样。

永远爱你的爸爸

前 言

“学习是你自己的事情！你长大就明白了！”

我相信很多家长都和孩子说过类似的话。当和孩子说这样的话时，你想表达什么呢？你想过你与孩子之间的矛盾和分歧的根源是什么吗？

家长和孩子说“学习是你自己的事情”，是想告诉孩子，教育是你对自己的投资，你是教育投资最终的获益者。但是很多家长不了解，教育投资需要孩子放弃当下的“需求”（延迟满足）。只有那些想拥有更美好的未来的人才能忍受“延迟满足”的痛苦。可惜的是，很多孩子想象不出自己长大后获得教育投资收益时的样子。

减轻孩子忍耐的痛苦，让孩子想象出教育投资的收益，是家长最应该做的事情。很少有孩子会因为家长一句“等你长大就明白了”而开始进行主动的教育投资。所以，家庭教育的问题首先在家长。仅仅依靠直觉和好心做决策的家长，很难得到孩子的理解，也很难让孩子听从自己的建议。

这是很多家长在家庭教育中遇到困境的根本原因。家长要找到问题背后真正的原因。

类似的问题有很多。

“为什么家长如此焦虑？”

“为什么孩子沉迷于电子游戏？”

“为什么爸爸总是袖手旁观？”

“为什么要推行‘双减’政策？”

……

只有先了解这些问题背后的底层逻辑，才能做出正确的决策，才能成为有智慧的家长，才能找到让孩子行动起来的方法。如果没搞懂教育问题背后的根本逻辑，家长看似合情合理且用心良苦的行为往往无法得到预期结果，家长甚至可能陷入越做越错的陷阱。

工作中，我们在决策失误后还有机会通过调整策略进行补救。可是，孩子成长是一条单行路，育儿过程留给家长补救的机会并不多。育儿就像玩俄罗斯方块，家长所有正确的努力都会消失，而所有的错误都会留下来。这些错误需要家长或孩子通过加倍的努力去消除。

我是研究经济的，我知道经济学探索的是人类经济活动的规律。现象千差万别，但规律是稳定的。作为一个父亲，我发现经济学上的很多规律非常适用于家庭教育。家长利用经济学思想跳出直觉的干扰、弄清问题的底层逻辑后，便有了做决策的依据，也更容易摆脱教育困扰。

比如，让众多家长恐惧的陪孩子写作业的问题。如果能够跳出做错题是坏事的直觉，认识到写作业的目的是传递信息和强化训练，那么家长便不会因孩子做错题而心率飙升、大发雷霆。通过错题发现孩子学习中存在的不足，并让孩子和任课老师顺利接收到这些信息，才是家长应该做的事情。家长对孩子的责备甚至打骂只会打击孩子学习的热情，并干扰他们接收、分析信息。

比如，让家长苦恼的亲子沟通问题。为什么小时候缠着家长说话的孩子突然间不愿与家长沟通了？家长本能的直觉可能是：孩子长大了，叛逆了，不听话了。但真实的原因是：随着年龄的增长，孩子的自理能力越来越强，亲子两代之间沟通的“参与约束”发生了变化。找到沟通问题的根本原因，家长便可以有的放矢地调整策略、解决问题。

比如，当下大家热议的“双减”政策及其他教育政策。如果能摆脱减负不利于孩子学习的直觉，认识到这是政府扼制超前教育、防止家长陷入“剧场效应”之困境的举措，那么家长才能将注意力从关注孩子的学习内容转移到关注孩子的学习习惯和方法上。过去在家长中广泛流行的超前学习策略既违反了儿童的发展规律，又耗费了家长的精力，且无助于孩子升学，完全是成本大于收益的策略。理解问题背后真实规律的家长，不会因为别人家的孩子继续超前学习而紧张和焦虑，才能重视政策变化后培养孩子学习习惯和方法的长期收益，把精力用在真正可影响孩子未来的事情上，不再瞎忙。“一分耕耘，一分收获”，让孩子放下“锄头”，学会驾驶“联合收割机”，高效率地做正确的事，才是理性家长的选择。

先选择，再努力。成为理性的家长，是帮助孩子成才的第一步。因为，家长的选择比努力更重要。

家长在养育孩子的道路上，会遇到很多问题，也需要做很多决策。家长的每一个决策都对孩子有着或多或少的影响，甚至决定着孩子成长的方向。孩子与家长的关系如同赛车手与领航员的关系。孩子人生的方向盘在孩子自己手中，但在孩子尚未成年时，人生阅历更丰富的家长需要帮孩子指明方向。孩子能否实现梦想，既取决于孩子行走、奔跑的速度，也取决于家长引领的方向。方向错了，速度越快，离目标越远。

如今的家庭教育，首先是家长认知格局的竞争，然后才是孩子努力的竞争。身为领航员的家长，责任巨大。所以，家长花费巨大精力和财力让孩子学习“驾驶技术”时，自己也应该定期接受“培训”。逼孩子超前学习的家长，不如爬上前辈智者已经搭建好的“灯塔”，从高处远眺孩子的人生跑道，帮他们思考一下每个弯道最佳的入弯时机和角度。这条“最佳的路线”，就是家庭教育中的“捷径”，是无数智者通过探索找到的符合人性和经济学规律的“最佳路线”。

让经济学思想帮我们拨开迷雾，用理性取代本能，以更高的认知层次指导家庭教育中的各种决策，是我写作这本书的初衷。

“工欲善其事，必先利其器。”

将来，你的孩子会因为你今天的努力而受益无穷。

董 磊

2023年8月

目录

第7章 如何让孩子合理使用电子产品

第8章 与青春期孩子沟通要多想一层

第 1 章

教育是一种投资

教育是一种投资，这种投资的原动力是想象力。想象力指对美好未来的憧憬。孩子需要想象力，家长更需要想象力。能想象出更美好的未来，是教育投资的起点。

教育是孩子在投资，而非家长在投资

孩子的教育是一个家庭最重要的投资之一，这应该是大多数家长的共识。所以，很多家长在子女教育上拼尽全力，他们宁可自己省吃俭用，也要给孩子报各种价格不菲的兴趣班、辅导班。为了不让孩子输在起跑线上，为了不留任何遗憾，有的家长几乎拼到弹尽粮绝的地步。可是，结果呢？焦虑、失望、无奈可能是很多家长得到的投资回报。是孩子做错了，还是家长做错了？真正的原因可能是家长对教育投资的理解存在偏差。

投资是一个经济学概念，与投资相对的是消费。简单地说，消费是一种可让人获得即刻满足的行为。吃一口美食，我们可立刻获得满足。看一则搞笑视频，我们可立刻收获欢乐。这些行为都可让人获得即刻满足，是消费。

与消费相悖，投资是主动放弃即刻满足而选择延迟满足的行为，是对当下消费欲望的忍耐。即刻满足是人类的本能。在远古时期，人们摘到果子并第一时间吃掉，马上可以获得支撑生命的能量。相反，如果暂时把摘得的果子存起来，那么这些果子可能会被同伴或其他动物吃掉，也可能因为腐坏而无法食用。由此，个体生存面临的风险将随之增加。可见，当时那些不懂得即刻满足的人存活概率更小。适者生存，所以人类在漫长的进化过程中形成了即刻满足的习惯。

可以说，即刻满足是顺人性的，而延迟满足是反人性的。累了就休息的人，是常人；累了却选择忍耐而继续奔波劳累的人，不是常人。人类之所以会放弃即刻满足，做出反人性的投资（忍耐）行为，是因为忍耐会在未来带来更大回报。在不考虑通货膨胀的前提下，储蓄是一种最简单、最有效的投资。我们放弃现在消费100元，而把它存到银行，一年后可获得本金和利息。利息就是忍耐的回报。

投资的基本逻辑是，放弃当下的消费（即刻满足），忍耐一段时间以获得利息（收益），未来便可以消费更多（获得更多快乐）。由此可见，教育肯定是一种投资。教育投资的基本逻辑是，孩子放弃当下的休闲和娱乐（即刻满足），将时间和精力主要用于读书、学习、做题、考试等，以在未来收获更多的收入、更多的快乐、更多的自由。

我想提醒的是，家长要注意以下四点：第一，教育是孩子对自己的投资；第二，读书、学习、做题、考试等是投资的过程，而不是目的；第三，未来至少是十年寒窗苦读之后，教育投资的忍耐期超长；第四，教育投资的目的是未来收获更多的快乐。

而现实的情况是，很多家长放弃当下的消费（即刻满足），把大量的金钱、时间花在孩子身上（忍耐），期望孩子未来获得更高的收入或更高的地位。你发现了吗？在这样的教育中，教育变成了家长的投资，孩子变成了家长的投资标的，孩子未来的成功是家长教育投资的收益。

问题就出在这里！

当教育变成家长的投资行为时，家长就会随时关注投资回报，比如孩子的成绩是不是达到了家长的期望、孩子的成就能不能让家长扬眉吐气等。孩子一旦让家长失望，家长就会质疑自己的投资收益率，并会把一切问题归咎于投资标的——孩子。

换到孩子的视角，孩子放弃当下的娱乐、休闲等而选择读书、学习、写作业、考试等，不论成绩如何，他们已经在忍耐了。每天的作业质量、每学期的考试成绩只不过是投资过程中的信息反馈，既不是教育投资的目的，也不是教育投资的收益。我在上面讲过，教育的投资结果需要忍耐10多年才能看到。当考试成绩没有达到家长的期望时，孩子得到的是来自家长的即刻抱怨甚至批评。也就是说，孩子一边忍耐痛苦进行学习，一边还要承受来自家长的抱怨甚至批评。

教育投资的回报周期一般都超过10年，孩子要忍耐10年以上，真的不容易。所以，家长首先要搞清楚的问题是：育儿是家长的责任，而教育是孩子自己对自己的投资。

从经济学角度看棉花糖实验

棉花糖实验是斯坦福大学心理学家沃尔特·米歇尔于1966年至1970年在幼儿园主持的一系列有关自控力的心理实验。在实验中，研究人员会在一些3～5岁孩子的面前各放上一块棉花糖，然后离开。在离开之前，研究人员会叮嘱孩子们，15分钟后研究人员回来的时候，没吃掉棉花糖的孩子可再得到一块棉花糖，吃掉棉花糖的孩子则不会得到奖励。结果，只有大约三分之一的孩子在研究人员离开期间抵挡住诱惑，没有吃掉棉花糖，最终得到了两块棉花糖。

米歇尔先后组织了数百名孩子参与这项实验，并对这些孩子进行了持续的跟踪研究。在跟踪调查中，米歇尔发现那些更能抵挡住诱惑的孩子进入青春期后具有更强的竞争力，同时有更好的学习成绩。而且，这些人成年后有更好的教育背景和更优秀的社交能力，中年时他们的前额叶皮层更加活跃。

米歇尔由此得出这样的结论：自控力特别是自控力中的延迟满足能力是决定一个人能取得多大成就的关键因素。棉花糖实验在全世界心理学界和教育界引起了巨大反响。米歇尔在其著作《棉花糖实验》中给出了很多影响自控力形成的因素和提高自控力的方法，比如父母营造的充满信任感的环境、个体的热情、榜样的力量等。

此后，很多家长开始有意地训练孩子的自控力和延迟满足能力。比如：把孩子喜欢吃的食物摆在孩子面前，同时要求孩子忍耐——不吃；在孩子有需求时，不立刻满足孩子，而是故意拖延一下；等等。可惜的是，这样的做法并没有抓住问题的核心。

如果从经济学角度分析棉花糖实验，我们会发现这个实验考察的是孩子是否能够完成一次投资行为。

放弃即刻消费（不吃棉花糖），忍耐一段时间（等待15分钟），获得更多的消费、收益或快乐（得到两块棉花糖），这是一次投资。那些无法忍耐15分钟而吃掉棉花糖的孩子，也是正常的孩子，因为即刻消费是人的本能。真正让孩子无法忍耐15分钟或导致这次投资失败的根本原因是：孩子无法想象15分钟后得到两块棉花糖所带来的更多的快乐。

经济学家欧文·费雪在他的《利息理论》里讲道，投资是时间维度的平衡消费。也就是说，投资和消费并不是对立的，投资也是消费，只不过是时间维度的延迟消费。

实验中的孩子放弃消费一块棉花糖的机会，等待15分钟，便可获得两块棉花糖，这是一种投资。只有那些能够想象出两块棉花糖相比一块棉花糖能带来更多快乐的孩子，才会选择等待，才会进行这种投资；那些缺乏这种想象力的孩子无法完成类似投资，会选择马上吃掉棉花糖来实现即刻满足。

因为能想象出未来的快乐和幸福，所以人们才会选择当下的自控。可见，支撑自控力的根基是对未来幸福感的想象。想象力是人类特有的一种能力，因为能想象出秋收的快乐，人类选择忍耐春耕和夏耘的辛苦，迈入了农耕时代，与地球上其他物种彻底分道扬镳。

自控力、忍耐、延迟满足都是完成投资的手段，而不是投资的原因。这些手段的目的是在未来获得更多的快乐。这里面的根本逻辑是“因为能想象出更美好的未来，孩子才会自律”，而不是“因为自律，孩子才有更美好的未来”，尽管后者的逻辑也成立。孩子只是忍受延迟满足过程中的痛苦，而无法想象未来会获得更多的快乐，那么自控和延迟满足便失去了意义，孩子由此会抵触自控、自律。所以，单纯地训练孩子的自控力，往往得不到预期效果，甚至会适得其反。

假如某个投资机构的销售员对你说："你购买100元我们的产品（放弃即刻消费），一年以后我们会返还你100元。我们这样做是为了训练你的延迟满足能力，提高自控力，你会更优秀！"你一定会毫不犹豫地回答："你滚蛋！"实际上，有些家长对孩子做的延迟满足训练与这位销售员的做法基本相同。不同的是，家长会打着"我都是为了你好"的幌子，孩子根本没有拒绝的可能。

很多顶级运动员的成功都与他们十分自律的生活方式有关，他们为何能如此自律呢？这不是因为他们能以吃苦为乐趣，而是因为他们能想象出未来获得成就时的自豪、喜悦和幸福。拥有这样的想象力，个体才会十分渴望未来的成就，因此也才有更强的忍耐力、自控力，从而更能完成常人无法实现的投资行为。

同理，优秀的孩子之所以每日放弃娱乐，辛苦学习，是因为他们能想象到金榜题名带来的快乐，能想象到未来在职场实现人生理想时的满足。可见，让孩子拥有想象未来幸福的能力，才能真正提升他们的自控力。

追求快乐和满足，躲避痛苦和危险，是人类的天性。为了获得"未来的幸福"而忍受"当下的痛苦"是反人性的行为，对未来的幸福十分渴望的人才能做出这样的举动。所以，不要让孩子简单地接受自控力训练，他们很可能无法理解这种训练的意义所在。

当拥有强大的想象力，能想象出未来达成目标时的快乐，孩子自然会忍耐常人所不能理解的痛苦。看看那些烈日下在篮球场拼搏的少年，他们心中一定有一个成为下一个科比的梦，这就是想象的力量。

想象力是自律和自控的原动力。对一个孩子来讲，想象力越强，他越有耐心，越自律！

如何培养孩子对美好未来的想象力

想象力是自控力、自律的源泉，拥有更强想象力的人才能忍耐更久，才能得到那块“棉花糖”。

想象力可以让孩子以更从容的心态等待投资的结果，帮助孩子更顺利地度过漫长的求学期。那么，如何培养孩子的想象力呢?

首先，让孩子自己做主

我们要培养的是孩子的想象力，而不是父母的想象力。培养孩子想象力的第一步要从让孩子主动做选择开始。孩子学会自主选择后，随之产生的自主感将会带给孩子巨大的内在动力，这种动力几乎可以抵抗任何外在力量。人类的大脑是出生后不断发展完善的，前额皮质需要不断的刺激才能更好地发展、成熟。孩子学会自主选择后，大脑会更积极地应对压力，迎接挑战。孩子由此可以获得更多的经验，他们的前额皮质调节杏仁核的能力也会更强。

自主选择还会带给孩子控制感，控制感可能转化为他们心中的胜任力。胜任力并不是孩子现在可以把事情做好的能力，而是他们内心认为自己能够将事情做好的感觉，也可以说是他们对自身能力的认识。胜任力不是外在的标尺，而是内心的成就标尺。胜任力是想象力的一种表现，只能源于孩子的自主选择，它可以促使孩子每一天都朝着目标前进。

比如，孩子自己做出练习舞蹈的决定时，心中会有这样的愿景——“我练习后就会成为那个在舞台上闪闪发光的舞者”，这种愿景是孩子依靠想象力构建出来的。能够构建出这样的愿景，证明孩子的想象力得到了提高，说明孩子心中同时产生了一种胜任力。

由此，孩子可能相信通过努力能够实现目标，能够收获更多的快乐。相反，如果家长代替孩子做出相关决策，那么构建愿景和产生胜任力的主体是家长，孩子的想象力并没有得到提高。

其次，利用榜样的力量

榜样可给予孩子更形象、更具体的认知，能将抽象的目标转化为实实在在、有血有肉的形象，从而促使孩子内心产生更强大的想象力。比如，在孩子常玩的角色扮演游戏中，家长可让孩子穿上警察制服，孩子在游戏中会表现得更负责、更认真、更有耐性，这是因为警察的榜样形象促使孩子产生了相关的想象。

严伯钧在课程“如何开发孩子的音乐潜力”中谈道，优秀的音乐老师应在教学中向学生展示如何演奏乐器。这是为了让老师成为学生的榜样，让学生亲眼见到辛苦训练后可以达到的水平。这种直观的认知会让孩子在心中产生强大的想象。很多家长会频繁地带孩子去听音乐会、参观艺术展等，就是为了让孩子走近大师，让大师成为孩子的榜样。看到大师们的表演和作品，孩子可能会想象、期待自己未来的样子，从而更容易确立目标。

日本花样滑冰运动员羽生结弦15岁获得世界青少年花样滑冰锦标赛冠军后接受采访时说：“我看了世界锦标赛上高桥大辅的表演（2010年都灵世界锦标赛），他滑得太棒了，找不到其他的词来形容。虽然史上第一次后内点冰四周跳的失败让人不免有些遗憾，但他后面的表演完全没有因此受到影响。不仅如此，他还凭借后面表演的超高加分，最终夺冠……实在是太厉害了。不单是高桥，小家和织田也是，他们把日本男子花样滑冰推向了巅峰，真的很了不起！我希望未来也能追随他们的脚步，甚至超越他们。”①

可见，高桥大辅的表演在羽生结弦心中留下了深刻的印象，这种不完美但真实的榜样形象对一个人的影响是巨大且深远的。之后，羽生结弦战胜哮喘、带伤上阵的榜样形象又影响了无数孩子，他坚强的运动员形象成为许多孩子心中的灯塔，指引着他们奋斗的方向。

还需要特别提的一点是，随着媒体和娱乐产业的不断发展，电影、电视剧、动画片等成了为孩子树立榜样的重要载体。比如，曾经风靡世界的动画片《足球小将》，就让无数孩子爱上了足球。日本前国脚中田英寿曾在专访中表示，他就是因为看了《足球小将》而放弃了棒球，选择了足球。

最后，用语言描绘未来

在日常生活中，我们常常听到家长对孩子说：“等你长大了，你就知道我为什么要求你这样做了。”这句话背后的经济学逻辑是，孩子并没有与家长一样的想象，孩子并不知道今天的忍耐能在将来换来怎样的收获。这种情况并不意味着家长比孩子更

① ［日］羽生结弦．苍炎．虞雪健，译．北京联合出版公司，2020．

有想象力，这很可能只是因为家长的阅历比孩子多，家长通过自己的经历了解了更多的因果关系。

因为大脑还处于发育阶段，孩子的想象力水平明显低于成年人。为了培养孩子的想象力，家长可以鼓励孩子用语言描述一下自己对未来的期望。语言层面的描述可以进一步强化孩子大脑中的想象，强化孩子对投资收益的期望，从而有利于孩子想象力的形成和忍耐力的提高。同时，语言描述能力的提高还可刺激孩子大脑进一步发育，从而让孩子在未来的学习生活中拥有更多竞争优势。

更高的想象力水平可以为孩子带来更强的忍耐力和自控力，让孩子更从容地放弃即刻消费，选择投资。良好的想象力是家长给予孩子的最好的礼物，这份礼物将影响孩子一生。

如何不断提高孩子对美好未来的想象力

人的所有能力都是通过不断训练而提高、增强的，想象力也不例外。很多家长非常重视培养孩子的外语、数学、运动等能力，却忽视了训练孩子的想象力。想象力是支持孩子投资自己最核心的能力，能想象出自己未来讲英语时口若悬河、做数学题总能迎刃而解、在运动场上受到万众瞩目的快乐……孩子才会有投资和忍耐的动力。可以说，想象力是孩子未来可以拥有其他能力的基础，是最底层的能力与核心竞争力。训练孩子的想象力，不断提高孩子对美好未来的想象力，是家长育儿过程中最重要的任务之一。

如何训练孩子的想象力呢？家长可以参考以下几个方法。

首先，让孩子亲自写下自己的目标

当亲自写下明确的目标时，孩子才能知道这是他自己的目标，而不是家长的。写下明确的目标有助于孩子认识到目标不是自己针对即时需求或压力做出的简单反馈，而是长期努力的方向。为了实现长期目标，孩子大脑的前额皮质会更多地被调动，大脑也会做好打一场持久战的准备。

前额皮质常常被称作大脑的执行官，与我们的判断力、冲动控制、注意持续时间、自我监控、解决问题的能力、批判性思维等都有密切的联系。前额皮质还是大脑的制动系统，可防止人们说愚蠢的话或者做愚蠢的事。[①]短期记忆和工作记忆首先会在前额皮质得到处理。这能够帮我们从错误中汲取教训，并且制订更长远的计划。当前额皮质十分活跃的时候，我们能够不断地实现目标。

可以看出，不断让孩子看到自己制定的目标，孩子大脑的前额皮质会不断地受到刺激，其发育速度也会加快。更强的前额皮质会为孩子提供更强的判断力、自我监控力和问题解决能力，更强的判断力、自我监控力和问题解决能力又可让孩子更容易完成目标，并在未来制定更大的目标。这样，孩子将在“制定目标—

---

① ［美］丹尼尔·亚曼. 拯救记忆. 黎非凡，译. 北京科学技术出版社，2021.

锻炼大脑—完成目标—制定新目标”的良性循环中成长，这种看不到的优势会让孩子在未来脱颖而出。很多家长待孩子长大后发现之前的投入都打了水漂，最可能的原因是他们忽视了孩子想象力和大脑前额皮质的训练。

其次，教会孩子拆解大目标

目标是孩子对未来的预期，实现目标是孩子忍耐（投资）的目的。为了达成目标，孩子和家长都需要忍耐和等待相当长的时间，这是教育或成长投资最反人性的地方。很多孩子（家长）经历了长时间的忍耐，因看不到目标达成的希望，中途放弃了忍耐，一次投资由此也就失败了。失败的经历不仅会带来痛苦，还会打击孩子的想象力，让孩子失去投资的动力。

解决这个问题最好的办法是训练孩子把大目标拆解成多个小目标，让孩子想象每完成一个小目标的收益和小目标与大目标之间的关系。也即，让孩子通过拆解目标降低完成目标的难度，从而增强孩子的信心和胜任力。

因为缺乏阅历和经验，孩子很难独自完成大目标拆解工作，家长或老师要给予孩子帮助。这个过程中老师扮演的角色最为重要，专业知识丰富的老师可以根据孩子的情况将大目标拆解成更容易完成的小目标，并可利用丰富的教学经验减少孩子完成目标过程中的痛苦感，提高孩子完成目标的可能性。

更有经验的老师还会告诉孩子和家长投资的收益增长模式，防止孩子和家长因错误的预期而产生挫败感。在现实生活中，特定投资项目的收益增长模式往往不是线性的，“一分耕耘，一分收获”的模式是极少见的。各类投资的收益模式主要有对数增长模式和指数增长模式两种。

对数增长模式的投资就是我们常说的“入门简单但专精难”的投资。这种投资在初期见效快、收益明显，但随着时间的推移，收益增长速度越来越慢、越来越不明显。举个例子，体育锻炼、舞蹈学习、外语学习、数学学习等都属于对数增长模式的投资。比如，很多学龄前孩子可以用1年时间完成学校学习3～4年的数学学习任务，但很少有人能在数学奥林匹克竞赛中取得好成绩。

指数增长模式的投资则是我们常说的“入门难但容易触类旁通”的投资。这种投资在初期见效慢、收益少，但随着时间的推移，收益增长速度越来越快。举个例子，学习书法、练习乐器、母语学习等都属于指数增长模式的投资。比如，我女儿学习打击乐时，前3年的时间一直在练习小军鼓，训练过程十分枯燥，且进步十分缓慢。然而，因练习小军鼓打下基本功，进入爵士鼓学习后，她很快便可以掌握很多技巧。她现在只需要1～2周时间便可以熟练掌握一首歌曲的鼓谱。也即，她的这种练习的收益呈现出指数增长的特征。①

当然，所有的投资最终都会进入对数增长模式阶段，这在经济学中被称为“边际收益递减”或“边际成本递增”规律，这也是各种行业的顶尖人才（比如顶级运动员、艺术家、科学家、企业家等）即使殚精竭虑地钻研也很难取得更大突破的原因。

如果家长和孩子抱着“一分耕耘，一分收获”的态度对待所有学习投资，很可能因为收益增长模式的差异而无法获得预期收益，最终导致孩子放弃忍耐。如此，孩子的想象力将会受到打击。

优秀的老师不仅可以科学地拆解大目标，还可以帮助家长和孩子制订合理的预期收益计划，让孩子的想象力在科学、理性的基础上得到锻炼和增强。

---

① 这里仅从功利的角度对各类训练项目的投入与收益进行分析。书法、音乐、艺术、体育等项目学习的本质是塑造人和人的审美能力，我们不能简单地以掌握多少技能或者获得多少收入为标准对其收益进行评价。育儿的本质是培养人格健全、道德高尚的人，而不是单纯地培养拥有很多技能或技艺的人。我这样论述的目的是让家长了解不同学习项目正向反馈的特点，从而帮助家长与孩子更好地坚持各种项目的训练与学习。

再次，给孩子无条件的支持与鼓励

孩子为实现目标而努力的过程中，必然会遇到困难甚至失败。当孩子遇到困难时，家长应给予充分的支持，让孩子与家长的内心之间形成爱的纽带。在家长的支持下，孩子会有更大的动力坚持下去，还会增加对家庭的归属感，愿意为了家人付出更多的努力。当家长向孩子传递无条件的爱时，孩子会告诉自己："我的父母关心的是我，而不是我取得的成绩。"如此一来，孩子对未来的想象不会因为眼前的困难而动摇，更强的家庭归属感也会让他们有继续前进的动力。

最后，不做横向比较

我在前文提到榜样对培养孩子想象力的作用。在现实生活中，一些家长混淆了榜样与竞争对手这两个概念。榜样是孩子人生道路上的灯塔，或者说榜样是抽象的，而非具体的。比如，以羽生结弦为榜样的孩子，并非都要走花样滑冰的道路，但是羽生结弦坚韧不拔的精神和平易近人的态度可以激励他们在自己喜欢的人生道路上大步向前。

所以，父母不应该把别人家的孩子设定为自己孩子的榜样。毕竟，在别人家孩子身上无法抽象出榜样的力量，只能看到具体的结果，比如分数更高、才艺更多等。与别人家孩子的对比不会给自家孩子带来想象力，只会让自家孩子产生厌恶感甚至挫败感。篮球少年的榜样应该是库里，隔壁班的得分王可以是竞争对手，但绝不是榜样，更不是家长口中的那种榜样。

想象力虽是人类特有的，但孩子的想象力需要不断的培养、训练才能增强，才能成为让他们未来更自律、更优秀的基础能力。

第2章

家长的焦虑何以缓解

教育需要忍耐，并不需要焦虑。找到焦虑的原因，是消除焦虑的第一步。

从宏观视角谈家长为什么焦虑

育儿焦虑已经成为常态，有一些家庭想尽办法来缓解孩子与家长的压力。我们不妨从宏观视角来看看当下家长育儿焦虑的原因和现状。

美国西北大学的马赛厄斯·德普克和耶鲁大学的法布里奇奥·齐利博蒂在他们的著作《爱、金钱和孩子：育儿经济学》中用经济学的分析方法对各国家庭育儿方式的演变及原因进行了比较和分析。与我们身边很多人想象的不同，许多国家的家长正在经历“教育军备竞赛”，外国家庭教育竞争的惨烈程度并不比中国逊色。

马赛厄斯和法布里奇奥以家长对孩子需求的响应程度和家长对孩子选择的干预程度为标准，将家长划分为专断型、权威型、放任型和忽视型四类。低响应、强干预的专断型父母要求孩子绝对服从，并且会对孩子施加严格控制；高响应、强干预的权威型父母试图影响孩子的选择，但不是通过命令和约束，而是通过说理和努力塑造孩子的价值观来达到目的；高响应、低干预的放任型父母遵循自由放任的养育方式，让孩子自主决策，鼓励孩子独立；低响应、低干预的忽视型父母则基本不参与孩子的教育。以上四种育儿方式中，父母对孩子进行高度干预的专断型和权威型教养方式被称为“密集型教养方式”，这样的父母会高度关注和参与子女教育。

两位学者通过数据分析发现，近20多年间全世界的家长花在孩子身上的时间都增加了。从20世纪70年代末到2005年，美国父母每周与子女一起度过的时间大约增加了6小时，这相当于每天增加了约1小时的亲子互动。欧洲的情况与此类似。2005年，荷兰的母亲每周花在育儿上的时间相比1975年多了4小时。相应地，荷兰的父亲也多花了3小时。这意味着，与1975年的孩子相比，荷兰2005年的孩子平均每天与父母互动的时间增加了1小时。1989年，意大利的父母平均每周花费不足2小时陪孩子游戏、阅读等，平均每周花1小时左右指导孩子写家庭作业。2009年，意大利的父母平均每周花7小时陪孩子游戏、阅读等，平均每周花约1.5小时指导孩子写家庭作业。总体来看，意大利的父母在这些活动上花的时间大约是原来的2.9倍，从每周3小时左右增加到每周8.5小时左右。可以看出，强干预的密集型教养方式越来越成为主流的家庭教育模式。

究竟是什么原因让更多国家的家长选择密集型教养方式呢？两位学者给出了两个主要原因：一是社会收入不均越来越严重，二是教育投资回报率越来越高。

两位学者发现，收入差异越大，家长对子女教育的重视程度越高，家长越偏向选择密集型教养方式。他们认为，相比竞争较强、不平等程度较高的社会的父母，工资差异很小、蓝领工人享有较高地位的社会的父母可能更不担心孩子的受教育程度。换言之，在一个辍学者的收入仅比医生和工程师稍低一点的社会，父母承担得起宽松教育的后果，因而放任型教养方式更普遍，北欧国家的状况与此类似。

各国教育系统的差异也对育儿观念有不同的影响。在北欧国家，学校之间几乎没有教学质量的差异，很少有按能力分班的情况。大多数孩子上当地的公立学校，从中学毕业的孩子大多能顺利进入公立大学继续学习。所以，北欧国家的家长并没有让孩子在学习上出类拔萃的强烈期待，他们更希望孩子开心。在美国，很多孩子寄希望于通过提升课外活动成绩（比如体育、艺术等）申请知名大学，这对北欧国家的很多家长而言是不能理解的。在他们看来，课外活动只是让孩子更开心的手段，至多不过是提高孩子独立性和成熟度的方法。

在这一点上，德国与北欧类似。在德国，大多数家庭对孩子的教育依赖于公立学校，但是有些地方的学校在四年级或六年级之后会分校。孩子或是去更易考入大学的学术型高中，或是进入实科中学[①]或职业预校。有野心的父母会让孩子进入学术型高中，但课外活动的成绩在录取过程中不会发挥作用。凭借任何学术型高中或其他大学认可的学校的毕业证书，孩子可以免费进入大多数公立大学，而且这些大学的质量大致相当。

在美国，家长面临截然不同的处境。高等教育存在巨大差异，名牌大学的录取率非常低。只有最好的学生才被建议申请名校。要想进入名校学习，孩子不仅要有近乎完美的中学成绩和大学入学考试成绩，其他方面的能力也必须十分突出。[②]

这样的大环境让美国父母有强烈的动机逼迫孩子在青少年时期努力学习。很多美国父母在孩子上幼儿园阶段便加入了教育竞争，会努力让孩子进入顶尖幼儿园，以方便孩子以后进入顶尖小学、中学、高中、大学，家长对孩子的教育变成了一条不断打怪

---

① 实科中学是介于文理中学和职业预校之间的学校，属于可进可退的中间选择。其学生未来可以转入学术型高中或职业学校。

② [美]马赛厄斯·德普克，[美]法布里奇奥·齐利博蒂．爱、金钱和孩子：育儿经济学．吴娴，鲁敏儿，译．格致出版社，上海人民出版社，2019．

升级的进阶之路。

从育儿方式的差异看，家长更多的陪伴和干预确实带来了更高的收益。比如：密集型教养方式下的孩子学习成绩相对更好；权威型父母的子女获得大学学位的概率最大，其次是放任型、专断型父母的子女，最后是忽视型父母的子女。

孩子学习成绩的差异因为教育投资回报率的提高在孩子成年后会转化为收入水平的差异。在美国，接受过大学教育的劳动者与没有大学教育背景的劳动者工资之比从之前的1.5∶1上升为2∶1。此外，研究生教育的投资回报率也在急剧上升。英国经济学家乔安妮·林德利和史蒂夫·梅钦表示，在英国和美国，相较于最高学历为大学本科的劳动者而言，接受过研究生教育的劳动者工资水平更高。在20世纪70年代早期，这两个群体的平均工资大致相当。此外，研究生学历还有其他价值。比如，许多获得研究生学历的人最后选择做学术研究或在学校任教，这些人的收入看上去不高，但是有许多明显的非货币福利，比如声望、研究自由、工作保障等。①

受过高等教育的人不仅获得了更高的收入，也更认可教育投

① ［美］马赛厄斯·德普克，［美］法布里奇奥·齐利博蒂．爱、金钱和孩子：育儿经济学．吴娴，鲁敏儿，译．格致出版社，上海人民出版社，2019．

资的高收益率，对子女的教育投入也更多。2003年至2006年，美国完成大学教育（本科学历）的母亲平均每周照料孩子的时间相比只完成了高中教育的母亲多4小时。接受过研究生教育的母亲每周会花更多时间照料孩子。社会学家安妮特·拉鲁曾分析过父母与子女共度时光的质量差异。受过良好教育的父母往往会对孩子进行时间更为密集的“协调培养”，贫寒的父母对孩子成长的参与度往往较低。[①]

这种情况在家族中形成了代际传递，中上阶层父母为了子女未来能够向更上层流动或至少维持在现有阶层，会加大子女教育的投入，以让孩子在未来的竞争中胜出。

当社会具有高流动性时，优秀的人获得了向上跃升的机会，社会也因此更有活力，但这种活力背后是更激烈的教育竞争和可能由此带来的社会贫富差距的加大。马赛厄斯和法布里奇奥在著作中写道：“如果皮凯蒂（托马斯·皮凯蒂，法国著名经济学家，畅销书《21世纪资本论》的作者）预测得没错的话（皮凯蒂预测未来贫富差距会加大），我们预期教养方式也会同样出现巨大变化，日益焦虑的中上层阶级将花费更大的精力，以促进孩子

---

① ［美］马赛厄斯·德普克，［美］法布里奇奥·齐利博蒂. 爱、金钱和孩子：育儿经济学. 吴娴，鲁敏儿，译. 格致出版社，上海人民出版社，2019.

社会地位的进一步提升。”[①]

这样看来，社会流动性的增强使一部分人因接受了高等教育而提升了社会地位和收入水平，同时也让越来越多的家长担忧子女无法维持家庭现有的社会地位。也就是说，流动性带给人们向上流动的希望，也带给人们向下流动的焦虑。由此，很多家长为了让孩子“向上进步”或“保住地位”而加入“教育军备竞赛”之中。

从宏观角度看，家长的育儿焦虑正是这样产生的，并且会越来越严重。

① [美] 马赛厄斯·德普克，[美] 法布里奇奥·齐利博蒂. 爱、金钱和孩子：育儿经济学. 吴娴，鲁敏儿，译. 格致出版社，上海人民出版社，2019.

从微观视角谈家长为什么焦虑

从宏观角度看，社会贫富差距的加大和教育投资回报率的提高让家长开启了教育军备竞赛模式。为孩子教育投入更多的资源，让孩子在求学道路上取得一定优势，从而使孩子进入社会后获得更高收入，这样的模式越来越成为很多家庭特别是中产家庭的选择。

当家长开启教育军备竞赛模式后，教育便成了家长对子女的一种投资。我们回顾一下投资的定义：投资是放弃即刻满足而主动选择延迟满足的行为，是个体对当下消费欲望的忍耐。当下忍耐的回报是未来可以获得更多的收益，得到收益后投资人在未来消费时可以获得更多的快乐（经济学上称为效用）。所以，投资是时间维度的平衡消费。

举一个简单的例子：我们放弃当下消费100元，买入某种投资产品，等待1年后可获得10元投资收益。也即，1年后，我们可以消费110元，获得相比消费100元更多的快乐（效用）。这时，投资的年化收益率是10%。

我们再来看一下家长投资子女教育的情况。家长放弃当下消费2万元（如买一款心爱的包包、来一次外出旅行等），而是用这2万元为孩子购买英语培训课程，1年后孩子通过了某项很有意义的英语考试，或是掌握了500个新的英文单词。在这里，购买英语培训课是投资，孩子通过英语考试是投资收益，孩子这1年间的变化就是投资收益率。

从经济学的角度分析，家长认为孩子未来通过英语考试比当下买一个包包或者来一次旅行能带给自己更多的效用（比如快乐、满足等），所以才会选择这次投资。家长希望用自己的忍耐换来孩子的进步和成长，这是家长的伟大之处，[①]但问题随之产生。

我们再来分析一下。家长将购买英语培训课视为投资，将孩子通过考试视为投资收益。一般来讲，孩子以高分通过考试，说

---

① 家长的这种表现其实也是一种本能。很多动物都会花费巨大的精力和能量哺育下一代，这是本能。在所有生物中，人类在养育子女上花费的精力和能量最多，人类抚养孩子的时间也最长，这与人类的生育特点有关。

明投资获得了超额收益；孩子考试及格，说明投资获得了正常收益；孩子没有通过考试，说明这次投资失败了。与此同时，孩子掌握了500个新单词的进步在很多家长那里并不会得到关注。也就是说，在日常生活中，实现预期目标（达到预期收益率）是家长最关心的事，而孩子的进步被忽略了。很多家长只感受到了没有完成预期目标的压力，忽略了孩子取得的进步。若没有快乐、喜悦和满足感来对冲家长长期积累的压力，那么家长的焦虑情绪相应地就会慢慢地形成，甚至爆发。

此外，所有人都生活在社会之中，人与人的交流又会带来人与人的比较，那么家长的压力就更大了，焦虑情绪就更严重了。很多时候，家长在一起交流育儿经验的场面，非常像金牌基金经理的交流大会。

“你家壮壮真棒，才学习钢琴1年，就考过2级了。我家那孩子，学了2年才考过1级。”

“你家琦琦每次数学考试都能考100分，我那儿子没有一次考满分。我真羡慕你。”

“这次考试，你女儿佳佳是优秀，我家孩子刚刚合格。我真羡慕你。”

……

获得超额收益的家长虽心感喜悦，但也提防着后面虎视眈眈、伺机反超的对手；获得预期收益的家长看着前面的领先集团耿耿于怀；没有获得预期收益的家长则常常郁郁寡欢，甚至怀疑自己的孩子有智力问题。

对预期收益的执念和与别人家孩子收益的比较让很多家长陷入巨大的压力和焦虑之中无法自拔。更可怕的是，这种焦虑不仅仅存在于家长心中，还会直接影响家长针对孩子的行为。家长甚至会将焦虑心态传递给孩子，从而影响孩子的心理健康。

一项基于老鼠的实验研究了平静与焦虑的养育方式对老鼠幼崽发育的影响。研究发现，低压力水平的母鼠会在舔舐幼崽和哺育幼崽上花费很多时间。与很少被母鼠舔舐的幼鼠相比，那些经常被母鼠舔舐、梳理毛发的幼鼠，日常表现得更加平和，探索外界的能力更强。之所以会产生这样的差异，研究人员猜测可能是因为平静的鼠妈妈向幼鼠传递了一种世界很安全的感觉，这样幼鼠才愿意自由地四处走动并主动探索世界。这种状态甚至还会改变幼鼠身上参与调节压力的基因。①

在这方面，典型的反面案例是电视剧《小舍得》中蒋欣饰演的田雨岚。当望子成龙的期望慢慢变为恨铁不成钢的焦虑时，她

① [美] 威廉·斯蒂克斯鲁德，[美] 奈德·约翰逊．自驱型成长：如何科学有效地培养孩子的自律．叶壮，译．机械工业出版社，2020．

将自己的焦虑全部传递到了儿子颜子悠身上。颜子悠抠烂自己的手指、与母亲激烈地争吵、考试时因产生错觉而发疯等行为都真实地展现了长期处于焦虑之中的孩子的生活状态。

威廉·斯蒂克斯鲁德在《自驱型成长：如何科学有效地培养孩子的自律》中这样写道："孩子还是会看到你的感受的，即使你不想让他们看见。随后他们就会对那些感受加以反馈，就算你觉得自己并没有影响他们，他们也会开始感受你的感受。有一个原因造成了这种情况，那就是孩子往往无法正确解释他们所看到的事物。因此，成年人可能会跟脾气暴躁的伴侣安然度过一晚，并且想：'他这个脾气真不好，但今天又不是生我的气。就这么着吧，过会儿就好了。'而一个孩子可能会想：'爸爸又发脾气了，一定是我哪里做错了。他肯定在生我的气。'如果孩子感受到压力，他本就不成熟的解释功能会进一步变得混乱。孩子是伟大的观察者，同时也是糟糕的翻译官。"①

总之，过高的预期收益率、残酷的横向比较等都会让家长在育儿路上备感压力、无比焦虑。家长会有意无意地将自己的焦虑心态传递给孩子，并让孩子在焦虑中迷失自己，最后又把负面情绪反馈给家长。育儿焦虑的恶性循环会这样一直存在，很难停止。

---

① ［美］威廉·斯蒂克斯鲁德，［美］奈德·约翰逊．自驱型成长：如何科学有效地培养孩子的自律．叶壮，译．机械工业出版社，2020．

从商业视角谈家长为什么焦虑

当更多家长开启教育军备竞赛模式后，社会上形形色色的培训机构便成为可协助家长赢得竞争的手段。为了获得更多的客户，培训机构开发出一套又一套足以吸引家长的话术。在极具针对性的话术的蛊惑下，家长的焦虑进一步加重。

我们回顾一下前面讲过的那个投资的例子。我们当下放弃100元的即刻消费（即刻满足），选择忍耐（如储蓄、购买理财产品等），1年后可获得投资收益10元（假设年收益率为10%）。在这个例子中，这10元投资收益便是投资者忍耐1年的收益或奖励。

从这个例子可以看出，投资收益率取决于投资的期初值（100元）、期末值（110元）和投资期限（1年）三个因素。在期末值和投资期限不变的情况下，期初值越小，投资收益率越高。若期末值110元和投资期限1年不变，假设期初值是55元，那么年投资收益率为（110/55−1）×100%=100%。在期初值和投资期限不变的情况下，期末值越大，投资收益率越高。若期初值100元和投资期限1年不变，假设期末值为120，那么年投资收益率为（120/100−1）×100%=20%。在期初值和期末值不变的情况下，投资期限越短，投资收益率越高。若期初值100元和期末值110元不变，假设投资期限为6个月，那么年投资收益率为（110/100）^{2}−1×100%=21%。

虽然培训机构的员工不一定懂得以上关于投资的经济学理论，但是在实际工作中他们非常熟练地使用了经济学原理来说服家长。

首先，培训机构会故意夸大培训课程的效果（夸大期末值）。比如，他们会向家长承诺，孩子只要参加培训，相关成绩就可以提升。他们知道，家长的预期收益率越高，培训课程的吸引力便越强。

培训机构惯用的伎俩是以名校和名师为噱头吸引家长的注意。我们姑且认为一些培训机构确实从许多名校请到了名师，但这些名师是否能快速提高学生的成绩实际是个未知数。很多名校都因学生平均成绩优秀而被家长追捧，但我们必须强调的是：这些名校的学生本就是在此前的入学考试中脱颖而出的优等生。学生成绩优秀的根本原因到底是老师教得好还是学生学得好，尚未有人能给出结论。以我居住的天津市为例，因为近年来取消了小升初考试，各中学初中生源质量趋向均衡，所谓的“好初中”与“普通初中”学生的考试成绩已经不再有明显的差异，一些普通初中甚至已经出现逆袭趋势。所以，家长不必过于追求名校、名师的光环，找到适合自己孩子的学习方法和老师才是最重要的。

其次，培训机构还会强调培训课程的速成性（缩短投资期限）。在培训机构的招生海报里，教育不再是十年树人的漫长过程，而变成了一个学期全面提升、一个假期弯道超车、3个月全面逆袭等的速战速决过程。这意味着在相对较短的忍耐周期（投资期限）可能收获相对较高的投资收益，当然这也暗示着培训机构超强的竞争力和家长需要支付的高成本。

最后，最让人气愤的是，培训机构还会有意打压孩子的现状（降低期初值）。培训机构会放大孩子的不足，以影响家长对孩子现状的评估。比如，他们会对家长说：“现在学校的老师根本不认真授课，孩子在学校学不到知识。”比如，他们会这样评价孩子：“你的孩子问题很大，根本考不上好学校。”培训机构通过各种方式美化自身，最多算是虚假宣传，刻意贬低学校和孩子则是没有良知的行为。

我没有与中小学培训机构接触的经历，但听过培训机构针对大学生的招生宣讲会。会上培训机构的负责人信誓旦旦地对参会的大学生说："现在许多大学的课程设置根本不适应社会发展，如果你们只是在学校学习，完全无法应对未来的就业竞争（打压期初值）。我们的培训能让大家顺利通过这个考试。通过这个考试，取得相关资质，你们在就业市场上就有了敲门砖（夸大期末值）。1年的培训就能让你们在未来的竞争中脱颖而出（缩短投资期限），你们绝对不会为今天的选择后悔。这样的课程才4000块钱，谁不报名，毕业时肯定后悔。"

要知道，现在许多大学一年的学费为5000元左右，4年大学总学费为20000元左右，而培训机构1年的课程一般都是几万元起步。在我看来，他们推出的产品对于提升学生的认知水平、知识结构、解决问题的能力等极为有限。此类机构之所以能够长期存在并且越做越大，是因为为学业焦虑的学生和家长不在少数。从经济学的角度看，接受此类培训的成本绝不仅仅是高额的学费，培训占用大量时间所产生的机会成本远高于学费。读一本烂书的代价是失去了读一本好书的时间，参加校外培训课程也有类似风险。

借助近乎完美的话术，培训机构拉高了相关课程的预期收益率。在高收益率的刺激下，家长和孩子高价购买了课程。一旦购买了课程，家长和孩子便会十分关注最终的投资结果（如高分数、高排名等）。殊不知，这种投资目标往往是被培训机构刻意抬高的，并不是所有孩子都能达到。

当教育变成只为完成指定目标的工作时，教育的意义就发生了变化，家长便不会再关注孩子的进步，而只以结果来衡量孩子。同时，孩子也会慢慢习惯以结果来衡量自己的成长，并在培训机构不断的洗脑中形成“考不好就完蛋”的观念。一旦孩子接受了这种观念，那么教育就变成了消除恐惧的手段，而不再是提高自我、丰富自我的过程。

实现高收益率的压力和对失败的恐惧也会让孩子陷入焦虑之中。在这种情况下，孩子的动机很大程度上是以恐惧为基础的，他们会因为无法实现自己设定的目标或别人为自己设定的目标而感到非常焦虑。有专业人士将年轻人这种缺乏控制感的状态称为“存在的无力感”。

威廉·斯蒂克斯鲁德和奈德·约翰逊在《自驱型成长：如何科学有效地培养孩子的自律》中谈道：“赫敏（《哈利·波特》中的人物，这里指成绩很好但压力很大的学生）们被培养出了这样的认识：一定要出类拔萃，或满足他人的期望。而这其实非常不健康。”[①]他们在书中还说，如果压力来自父母，那解决方案

① ［美］威廉·斯蒂克斯鲁德，［美］奈德·约翰逊．自驱型成长：如何科学有效地培养孩子的自律．叶壮，译．机械工业出版社，2020．

很简单——停手即可。即使父母为自己的孩子感到骄傲，孩子也可能认为自己是因为有种种成就才得到了爱。一般情况下，靠进一步的沟通就能解决这样的问题。问题是，如果父母跟孩子说"听着，我并不介意你的成绩好不好，或你考上了什么学校"，而孩子仍然感到焦虑和恐惧，那问题就复杂了。

可见，当家长和孩子陷入商业培训机构所构建的投资价值体系后，家庭的焦虑会成倍增加。而且，若孩子接受了以结果衡量教育成功与否的模式，孩子所感受到的焦虑可能远甚于家长。

为了家长和孩子的身心健康，应该尽量远离那些把教育当作生意的培训机构。

家长如何化解焦虑

宏观上对利用教育促使孩子向上流动的期望，微观上对教育投资收益的过高期待，商业上对培训机构快速实现教育目标的轻信，都会使得家长越来越焦虑。一些家长希望通过更高效的陪伴方式缓解这样的焦虑，市面上有很多向家长传授各种育儿知识和技巧的书。美国加州大学伯克利分校心理学教授艾莉森·高普尼克在著作《园丁与木匠》中写道："单是亚马逊网站上的教养类书籍就有大约6万本，其中大部分在标题里都有类似'怎么''如何''方法'等字眼。"①

很多育儿图书的育儿知识与技巧是具有操作性的，能够解决

① [美] 艾莉森·高普尼克. 园丁与木匠. 刘家杰，赵昱鲲，译. 浙江人民出版社，2019.

家长日常生活中遇到的很多问题，但是有些作者会在书中明示或暗示读者：只要家长掌握了正确的育儿技术，孩子的未来就会发生巨大的变化。不知道大家有没有发现，这与上文谈到的经典商业话术十分相似：家长读完我的书（忍耐一段时间），孩子就会发生巨大的变化（获得收益）。可惜的是，即便家长掌握了很多育儿技巧，他们的焦虑也不会减少太多。

通过上文的分析，我们知道关于对孩子的教育投资是否能够达到预期目标的担忧是家长焦虑的根本原因。所谓的育儿方法往往都是帮助家长更快、更好完成目标的技巧。如果家长想真正摆脱育儿焦虑，需要改变这种以预期收益为导向的育儿观。《园丁与木匠》的作者高普尼克的观点是：父母不应该做一个木匠，而应成为一名园丁。

一个优秀的木匠有品位、有技术，会根据心中的蓝图制作一张桌子、一把椅子、一个书架等。木匠最终会以特定作品与心中蓝图的差异来衡量自己工作的优劣。很多父母也是如此。在有些父母看来，孩子就是原材料，只要家长足够努力，有技术，有知识，就能培养出聪明、成功和幸福的孩子。正如前文提到的，孩子成了家长的投资标的，教育是让投资升值的手段。

园丁则有另外一种工作状态。真正的园丁心中并没有蓝图，他们在花园辛勤工作只为创造一个可以让花花草草自由生长的生态系统。在保证土壤肥沃、环境安全后，园丁会等待花草自己成长，并能接受各种可能性。真正让园丁享受的是在花园劳作的过程，而不是花花草草按照自己规划生长成为什么样子这个结果，因为花草是无法完全按照人的意志生长的。高普尼克在书中写道："作为父母，最重要的奖励不是孩子的成绩和奖杯，甚至也不是他们的毕业典礼和婚礼，而是与孩子一起生活所感受到的身心愉悦，以及孩子与你在一起的点滴快乐时光。"①

独自将3个孩子培养为成功企业家，并在60多岁时重返模特舞台的传奇女性——梅耶·马斯克，在自传《人生由我》中这样谈自己的育儿经验："我从未像对待小宝宝那样对待他们，也从未责骂他们，或告诉他们应该学习什么。他们只需要让我知道他们正在学习什么或者没学什么就行。我不会检查他们的家庭作业，因为那是他们的责任。现在我可以非常确定，我做的这些对孩子们的未来发展没有任何损害，并且我、我的兄弟姐妹，还有我的孩子们恰恰都是受益于这一点——从小就学会承担责任。"②

梅耶·马斯克还写道："尽管我从未预测到，我的孩子们会创办特斯拉、太空探索技术公司、'厨房'餐厅、'绿色巨人'或热情亚麻电影公司，但现在我看到的是埃隆在科技方面的建树、金博尔在食品行业中的成果和托斯卡在电影方面的收获，这

① [美] 艾莉森·高普尼克. 园丁与木匠. 刘家杰，赵昱鲲，译. 浙江人民出版社，2019.

② [加] 梅耶·马斯克. 人生由我. 代晓，译. 中信出版社，2020.

一切源于他们童年时代的兴趣爱好。”[①]

艾莉森·高普尼克和梅耶·马斯克都试图告诉我们，孩子成长是孩子自己的事情，家长需要做的是给予孩子足够的爱，而不是为孩子勾画发展蓝图。在家长构建的充满爱的环境中，每个孩子都会找到属于自己的道路，这些道路是家长无法预测和规划的。

从经济学的视角看，教育是孩子对自己的投资，是漫长的延迟满足的过程。这个过程就像植物生长的过程一样，植物需要阳光和养料的滋养才能生长，才能结出累累硕果。园丁式家长最关注的不是孩子何时能够结出果实，而是能否为孩子打造适合的成长环境，然后等待孩子自然成长。等待的过程中，家长要除草、施肥、修剪枝叶，但不能揠苗助长。

让花草的根系深入泥土从而拥有获得更多养分的能力，让花草的枝叶向上生长从而拥有可获得更多阳光的空间，是园丁最重要的责任。家长也应做一名园丁，要帮助孩子获得自我进步的能力，教孩子学会如何学习、如何突破瓶颈、如何面对挫折等。

一些家长可能会有这样一些担忧，如果不严格要求孩子，他们是不是会因此错过受教育的最佳时期？快乐的童年能为孩子带来硕果累累的收获季吗？家长到底如何做才能成为一名合格的园丁呢？快乐与教育能共存吗？且看下文。

---

① ［加］梅耶·马斯克．人生由我．代晓，译．中信出版社，2020．

快乐与教育能共存吗

一些家长不愿意陷入恶性教育竞争的泥潭，也不愿意给孩子一个焦虑的童年，所以他们采用了快乐教育的方式。他们不强迫孩子做任何事，不逼孩子学习或练习各种技能，他们的家庭教育以让孩子快乐为出发点。

关于快乐教育的讨论，在日常生活中已经成为会导致“朋友翻脸”的敏感话题。支持者对孩子在不合理教育中所承受的痛苦深恶痛绝，坚决捍卫孩子快乐的权利；反对者则蔑视支持者的短视，深信“吃得苦中苦，方为人上人”才是教育的真谛。

在相当长一段时间里，反对快乐教育的观点逐渐成了主流观点。如果我们以快乐教育为关键词在互联网上进行搜索，映入眼帘的热门文章的标题大多是这样的——《教育里最大的骗局就是

“孩子，你只要快乐就好了”》《废掉一个孩子最快的方式，就是实行“快乐教育”》《被鼓吹的“快乐教育”，正在废掉我们的孩子》等。

通过前面的分析，我们知道教育是投资行为。教育的实质是通过抑制少年时的消费、满足（即时满足），换取成年后更多的消费、满足（延时满足）。所以，从经济学的角度来看，教育确实是不快乐的。虽然投资、教育看似是反人性的，但是这些行为只是在短期内是反人性的。从长远来看，因为在未来可能获得更多收益，所以这样的投资依旧符合人类追求幸福和快乐的本性。

实际上，短期的不快乐并不等于痛苦。家长不需要在教育孩子的过程中刻意添加让孩子痛苦的成分，而应该以减少孩子的不快乐为己任。比如，让孩子阅读、背诗、写读书笔记等对培养孩子的阅读和表达能力至关重要，是极好的教育方式，但孩子在长期坚持过程中或多或少都会有些煎熬，如果家长在这个过程中能多鼓励孩子，那么孩子的不快乐就会有所减少。

知名计算机科学家吴军在自己的网络课程“硅谷来信”第189封信“子女教育2：辛苦和痛苦”中讲道：教育是辛苦的，但教育不是痛苦的。我认为，吴军老师点出了教育的真谛。想取得更高的投资回报，孩子在接受教育的过程中必须付出辛苦，但是在这个过程中不一定要感受痛苦。是否在童年完成了辛苦的投资

（忍耐）是关键，快乐与否并不是区分好的教育与坏的教育的标准。所有的成功者都需要付出辛苦和努力，但不是所有成功者在努力的过程中都是痛苦的，因为辛苦和努力会给予我们相应的回报（收益）。

未成年人因为缺乏想象力和自控力，更容易按照追求即时快乐的本能行动。如果家长任由孩子“消费童年”“及时享乐”，会让他们错过最好的投资窗口期，这是不可取的。园丁的首要工作是种下种子，所以家长首先要做的是在孩子心中种下“忍耐、努力能让你更优秀”的种子。

这样的种子仅靠家长的说教是种不下的。孩子需要通过感受努力与进步的因果关系去领悟。种子发芽、生长需要突破土壤的阻力，这是一个痛苦的过程。幼苗破土而出后柔弱无力，需要园丁精心的呵护。正如大风会增加幼苗夭折的概率一样，来自外部的痛苦会减弱孩子对自我成长的感受力。这时，家长需要做的是把注意力放到孩子的改变上，通过积极鼓励的方式减轻他们努力过程中的痛苦，保护好他们尚未健全的自驱力，正如园丁为幼苗架起遮阳棚一样。

辛苦并快乐（或者说是辛苦但不痛苦）才是最佳的成长体验。那些坚信严师出高徒的家长，可能并没有认识到今天的信息化社会已经完全不同于传统的农业社会，孩子有很多躲避痛苦和逃避压力的手段。

如果孩子真的感受到了痛苦，他们很容易找到方法缓解自己的痛苦，因为现代社会为他们提供了太多可以对冲痛苦的、便宜的、易得的“快乐产品”，比如被很多家长视为“电子毒品”的电子产品。

第 3 章

优秀的孩子是夸大的

好孩子是夸大的！如何夸孩子，是一门艺术。

家长可以通过贿赂让孩子听话吗

贿赂本质上是一种交易行为。行贿者付出代价，受贿者按照行贿者的意图实施某种行为。在社会层面，很多贿赂行为是违法的，是相关法律法规明令禁止的。在日常生活中，家长贿赂孩子的情况却非常多。

为了激励孩子好好学习，一些家长可能会对孩子说："你若考了班级前5名，我就带你去游乐场玩。""你好好学画画，妈妈就给你买漂亮的新衣服。"等等。为了让孩子做好某件事情，家长开出诱人的条件，这种做法的本质是贿赂。畅销书《好妈妈胜过好老师》的作者尹建莉说："把奖励当作学习的诱饵提出来，是一种成人要求儿童以成绩回报自己的行贿手段。"[①]

① 尹建莉．好妈妈胜过好老师．作家出版社，2017．

一些家长还会在孩子有不良行为时贿赂他们。比如：对于不好好吃饭的孩子，家长可能会说："你好好吃饭，然后就有甜点吃。"对于正在吵闹的孩子，家长可能会说："你若乖乖地待在这儿，等会儿我给你买玩具。"等等。有教育专家说，来自家长的贿赂是对孩子不良行为的奖励。

家长贿赂孩子的行为会引发一系列不良后果。我们先来看第一个不良后果。贿赂的发起者是家长。孩子即便因接受贿赂而做出改变，但孩子的行为源自外部动机，而不是基于内部动机的主动行为，一旦外部动机不存在，孩子很快就会恢复如前。这是贿赂孩子最大的弊端，也是学者们普遍反对家长贿赂孩子的根本原因。比如，心理学家特蕾莎·阿马比尔就发现，孩子的创造力受其动机类型的影响。与内在动机对照组儿童的创造力水平相比，外在动机实验组儿童作品中的创造力水平偏低。[①]

贿赂的第二个不良后果是，决定权在孩子一方。孩子可以选择接受家长的贿赂，也可以选择拒绝。当家长贿赂孩子时，孩子就拥有了决定权。如果孩子不接受家长的贿赂，家长只能通过提高贿赂成本的方法促成交易的达成。这样的博弈格局让孩子有了坐地起价的机会，家长的贿赂成本会越来越高。

---

① ［加］桑德拉·切卡莱丽，［加］诺兰·怀特．心理学最佳入门．周仁来等，译．中国纺织出版社，2021．

贿赂的第三个不良后果是，可能使孩子的不良行为更多及相关情况更加严重。比如，孩子接受了“好好吃饭，然后就有甜点吃”这样的贿赂后，可能会得出“不给我甜点，我就不好好吃饭”的结论。一旦孩子得出这样的结论，那么他们便可能以“不好好吃饭”“不听话”等要挟家长，向家长索贿。

如果将贿赂行为放到经济学的框架中进行分析，我们会发现这样的贿赂通常发生在孩子开始延迟满足之前，家长贿赂孩子的目的是让孩子启动延迟满足行为。教育专家建议孩子多运动、多阅读、多表达……但是，一些孩子（特别是青春期的孩子）在听到家长的建议（关于学习、运动、阅读等的建议）后，常以非暴力不合作的方式予以回应。不论家长说什么，孩子就是不行动，而孩子做的事情（比如玩游戏、晚睡晚起等）又无法得到家长的认可。这时孩子与家长便进入了恶性循环：孩子不听从家长的建议，孩子做的事情家长不认可，孩子被批评后更加叛逆从而进一步对抗家长。我相信很多父母都遇到过上述情况，只有面对过不合作孩子的父母才知道什么叫作“无力感”。

此时，家长与孩子之间的矛盾的焦点是：家长希望孩子放弃娱乐，通过延迟满足提升各项能力；孩子希望获得当下的快乐以实现即时满足。奥地利经济学派第三代掌门人米塞斯认为：让人行动的条件是增加满意感或减轻不适感。[①]为了让孩子抵消放弃即时快乐的痛苦，促使孩子启动延迟满足行为，家长于是选择贿赂以增加孩子的满意度（减少痛苦）。这很像医生医治病人的过程。面对被病痛折磨的病人，医生明知止痛药有强烈的副作用，但也只能先通过使用止痛药减轻病人的痛苦，再寻求方法治疗疾病。哈佛大学著名哲学家迈克尔·桑德尔认为："贿赂有时候也会发挥作用，而且在某些场合贿赂还是有道理的。如果给那些成绩不好的孩子钱让他们读书，可以极大地提高他们的阅读技巧的话，那么我们就可能会决定尝试这么做，以期教会他们在以后也热爱学习。"[②]

家长要明确的一点是，即便孩子接受了贿赂，开始做家长期望的事情，贿赂的效力也不具有长期性。起效越快的止痛药，药效越短，越容易导致抗药性和成瘾性，越不能长期服用。桑德尔提醒："……需要记住的是，我们所采取的这种贿赂行为（即一种在道德上有所妥协的做法）乃是在用一种较低的规范（为赚钱而读书）取代一种较高的规范（因为爱读书而读书）。"[③]所以，一旦孩子开始行动后，家长便要停止贿赂，转而利用鼓励的

---

① ［奥地利］路德维希·冯·米塞斯．人的行动：关于经济学的论文（上、下册）．余晖，译．上海人民出版社，2013．

② ［美］迈克尔·桑德尔．金钱不能买什么：金钱与公正的正面交锋．邓正来，译．中信出版社，2012．

③ 同②。

方式减轻孩子因延迟满足行为而产生的痛苦感，直到孩子自己爱上所做的事情。

我女儿从8岁开始学习书法，但开始时她并不喜欢书法，每天都会想尽一切办法逃避书法练习。女儿当时没有从书法学习中获得任何快乐，所以她逃避书法练习的行为是正常的。为了让女儿练习书法，我便主动贿赂她：如果她当天能完成规定的书法作业，我就替她给嘟嘟铲一次屎。那一年在女儿的要求下我们养了一只名叫嘟嘟的加菲猫，每天给嘟嘟铲屎是她的任务。在贿赂的刺激下，女儿有了放弃休闲进行书法训练的动力。

如果方法得当，家长可以降低贿赂孩子这一行为的负面影响。比如，我贿赂女儿练习书法的条件是替她给嘟嘟铲屎，这只是意味着我分担了她的责任，是我对她的帮助。再比如，面对写作业时十分拖沓的孩子，家长可以将贿赂的条件设定为“只要能好好完成作业，你就可以少做一些家务”“你若能好好完成作业，晚上我就陪你读绘本、做游戏”等。调整贿赂的条件可以淡化贿赂的交易本质，并能让孩子感受到来自家长的关爱。

贿赂的本质是对孩子的外部刺激，这是不容置疑的。贿赂就像医生用的止痛药，只是家长刺激孩子启动延迟满足行为的权宜之计。一旦孩子放弃了休闲、娱乐，开启了延迟满足行为，家长就要停止贿赂，通过鼓励减少延迟满足行为带给孩子的痛苦。切记，止痛药只能暂缓痛苦，不能治病。

孩子主动选择延迟满足的动力来自能想象到获得投资收益时的快乐，鼓励才是让孩子坚持延迟满足的最佳方法。

对于孩子取得的成绩，要多鼓励、少表扬

当孩子启动延迟满足行为（如学习、训练等）后，家长可以选择鼓励和表扬的方式对孩子的行为给予反馈。鼓励和表扬都是正面的反馈，心理学家雷克斯·福汉德认为二者的区别是，表扬是对孩子完成某项任务的褒奖，鼓励是对孩子付出努力或取得进步的肯定。[①]基于福汉德的定义，我们可以发现表扬和鼓励的区别是反馈对象的不同。鼓励是基于行动过程或者行为的反馈，表扬是基于行动结果的反馈。比如，孩子认真写作业是过程，作业全对是结果。如果家长对孩子说“你认真写作业的状态真棒”，那么这是家长基于过程的正面反馈，是鼓励。如果家长对孩子说

① ［美］雷克斯·福汉德，［美］尼古拉斯·朗．不较劲的养育．袁伟，译．浙江教育出版社，2022．

“你作业写得全对”，那么这是家长基于结果的正面反馈，是表扬。鼓励强调的多是动词，是行动；而表扬强调的多是名词，是结果。

对于如何夸奖孩子，心理学家给出的建议比较一致：多鼓励过程，少表扬结果。比如，北京大学心理学教授魏坤琳在自己的网络课程中给出的表扬技巧是：第一，表扬努力，而不是聪明；第二，表扬过程，而不是结果；第三，表扬成长，而不是表现。又比如，心理学家卡罗尔·德韦克建议：“要赞扬孩子身上用于解决问题的切实努力和听他们想到的各种点子，而不要表扬他们所取得的成就。比如，要说‘你有这样的好奇心，爸爸觉得很棒’而非‘你好聪明’；要说‘你努力筹备考试，我都看在眼里’而非‘这次考得真不赖！’”①

为什么专家都推荐鼓励过程，而反对表扬结果呢？如果我们从经济学角度分析鼓励和表扬，就能更清晰地了解二者的差异。

如前文所述，学习（如体育训练、乐器练习等）是个体放弃即刻满足，选择忍耐，期望在未来获得更多快乐的投资行为。贿赂是对放弃即刻满足行为的补偿（刺激），发生在投资之前。鼓励是对投资（忍耐）过程的正面反馈。表扬是对投资结果（收

---

① ［美］威廉·斯蒂克斯鲁德，［美］奈德·约翰逊．自驱型成长：如何科学有效地培养孩子的自律．叶壮，译．机械工业出版社，2020．

益）的反馈和评价。

家长表扬孩子，说明家长认可投资结果，十分关注投资行为的收益率。孩子习惯于被表扬结果后，便可能被锁死在无论如何要成功的思维模式中。由此，孩子更可能选择做简单的事、更易成功的事，继而畏惧困难，拒绝挑战。

家长鼓励孩子，说明家长认可孩子忍耐（延迟满足）的行为，不是那么在意投资结果。孩子选择忍耐（延迟满足）若得到正面的反馈（鼓励），其忍耐行为产生的痛苦感会大大降低，孩子坚持忍耐的难度也会降低。这时，孩子更容易坚持忍耐，并在坚持中亲身体会忍耐带来的投资收益，从而形成自驱力。

斯坦福大学的心理学家莱帕博士做过一个著名的“奖励实验”。他挑选了一些爱画画的孩子，将他们分成两组，让他们自由创作。他对第一组孩子说：“如果你们画得好，就可以得到老师的奖励（重视结果）。”他对第二组孩子说：“老师很喜欢看你们画画，希望你们画出好的作品（重视过程）。”开始时，孩子们都很积极地创作。第一组孩子都得到了相应的奖励，第二组孩子都得到了莱帕的分析与点评。三周之后，莱帕发现：第一组孩子的绘画兴趣明显降低，很多孩子甚至不愿再创作；第二组孩子仍然和以前一样热爱绘画。后来，莱帕博士在不同的地方做了很多次这样的实验，结果大同小异。[①]这个实验的结果告诉我们：当家长过于关注孩子做事的结果（表扬）时，孩子做事的兴趣会逐渐降低；当家长关注孩子做事的过程（鼓励）时，孩子更容易坚持当下的努力行为。

虽然鼓励比表扬效果更好，但是家长鼓励孩子时所付出的成本也更高。我们再来看一下我女儿练习书法的过程。当我利用贿赂的手段让她坚持书法训练后，我便每天坐在她身旁陪着她练习。这个过程中我会主动鼓励她，比如："这一笔很好，有力度。"当女儿得到我的即时鼓励后，她练习书法的痛苦感会减少，成就感会增加。如此，她每天进行书法训练的时间逐渐从20分钟增加到1小时。

在这种情况下，女儿的书法水平快速提高，她不仅获得了老师的肯定和表扬，还在学校文艺展上获了奖。这些奖励或表扬让她体会到了延迟满足行为所带来的收益，她成功地完成了一次投资。实际上，更重要的是，成功完成一次投资后，孩子会亲身感受到"忍耐""延迟满足""投资收益"三者之间的关系，从而懂得想得到收益需要忍耐的事实。

孩子通过忍耐取得阶段性投资收益（比如获奖、排名提升、成绩提高等）后，会自然地获得正面反馈，比如老师的表扬、同

---

① ［美］艾尔菲·科恩．奖励的恶果．冯杨，译．山西人民出版社，2016．

学的羡慕等。对于来自家庭外部的表扬，家长无须过度干预。一些家长担心孩子被过度吹捧，会刻意打压孩子取得的成果，这样的做法不可取。孩子选择延迟满足的原因，就是在未来收获更多的满足和快乐。外部的表扬、认可、赞美，尤其是鼓励，是孩子继续选择延迟满足的重要动力。

家长重视过程、忽视结果的行为传达给孩子的信息是：不论孩子成功与否，父母都支持孩子。如果家长过于看重孩子取得的成绩，孩子很可能过于看重结果，从而失去接受更大挑战的勇气。

孩子的成长要经历破土而出的痛苦，家长每天的鼓励是孩子生活中最灿烂的阳光。用温暖的鼓励陪伴孩子成长，等待他们自然地开花、结果的那一天吧！

像健身教练一样鼓励孩子

健身是一件反人性的事。畅销书《人间修炼指南》的作者半佛仙人对健身有很幽默的评价："凭什么说健身是反人性的呢？因为人性就是贪嗔痴懒馋。惰性是刻在人基因里的东西，葛优躺才是人类最通用的广播体操。任何违背让人贪嗔痴懒馋的东西，都注定是难以维持的。"[①]从人类的进化历程看，获取能量并尽可能减少能量的消耗可以增加生存概率，所以主动消耗能量的健身运动毫无疑问是反人性的。

那么，优秀的健身教练如何让自己的学员坚持健身呢？据我观察，优秀的健身教练有三大法宝——同甘共苦、稳中求进和即时鼓励。

---

① 半佛仙人. 人间修炼指南. 北京联合出版公司，2022.

首先，优秀的教练不仅会陪在学员身边，而且会陪着学员一起健身。教练要传递给学员的信号是：你不孤独，我在陪着你，你现在的痛苦我真的懂。

很多家长说："陪伴是给予孩子最好的爱。"这句话并不完整。我认为，类似优秀的健身教练给予学员的陪伴，才是最好的陪伴。教练愿意和学员同甘共苦的举动，是给予学员的最大的鼓励，是学员坚持下去的动力。

其次，优秀的教练会指导学员由易到难、循序渐进地练习。任何一个合格的健身教练都不会让毫无健身基础的学员去完成健美冠军的训练计划。优秀的健身教练经常说的话是："慢慢来！要循序渐进！一次做不好没关系！"

只要开始运动，就算优秀；只要选择忍耐，就值得称赞。这是家长应该向优秀的健身教练学习的第二点。制定超出孩子能力的要求和标准，并不能加快孩子进步的速度，孩子和家长共同的对手是时间而不是速度。只要孩子能在忍耐的路上前行，他就已经很优秀了。

最后，优秀的健身教练会给予学员即时和超额鼓励。在一节健身课上，优秀的健身教练说得最多的话不是动作要领，而是"好""对""真棒""加油""坚持""再来一个"等。在整个训练的过程中，健身教练会给学员密度极高的鼓励。这些平时看来十分简单的话语，在学员训练的过程中却可能成为最珍贵的鼓励，能让学员不断克服身体和心理层面的疲劳，进而完成健身任务。

从经济学的角度看，健身和教育一样，是投资行为。人放弃即时享受（休闲、娱乐），通过忍耐（忍受运动带来的痛苦和疲劳），期待在未来获得更多的收益（如令人羡慕的身材、更健康的身体等）。上面所讲的优秀健身教练的三大法宝刚好对应健身投资的三个阶段：教练的同甘共苦，会让学员发现只要跟着教练做一样的事情就好，从而可让学员在投资开始时承受较少痛苦；循序渐进、稳中求胜，可让学员更快地体会到完成任务的快乐；即时鼓励可让学员在忍耐期的痛苦感降低，从而可增强学员的忍耐能力。

正因为优秀教练在学员健身的过程中（投资中）可给予学员足够的支持，学员才能一直坚持做这件反人性的事情。这也是人们为什么更愿意跟着优秀的教练健身的原因。健身过程真的太漫长、太痛苦，我们需要陪伴和鼓励。

直到学员通过长时间的忍耐，看到了身材的变化，体会到了身体的改变，坚持健身的动力才会由外部动力转化为内部动力。这时，健身教练的主要工作就不再是简单的鼓励，而是专业的指导了。请所有家长记住这个顺序：先爱上健身，再精益求精！若这个顺序反过来，则可能变成：先精益求精，后放弃健身。

孩子学习的过程也是如此。不论孩子是否能顺利记住单词、公式，是否能写出正确答案，学习的过程已经是孩子放弃休闲的忍耐行为，孩子已经开始投资。即便孩子没有记住单词、公式，即便孩子将题做错，相应的投资至少让孩子知道了自己的不足、发现了自己在相关知识领域的漏洞，这也是收益。毕竟，了解自己的不足比无知更好，比不学习（不投资）更好。

所以，家长应该像优秀的健身教练一样，先给予孩子的学习行为以正面鼓励，从而减少孩子忍耐期的痛苦感。获得投资结果是需要时间的，比如健美的肌肉需要千百次的运动刺激才能出现、熟练的答题技巧需要若干次的解题训练才能水到渠成等。让孩子坚持学习（投资）是家长需要做的第一步。而要让孩子坚持下去，就要在他们忍耐的过程中帮他们降低准入门槛、减少忍耐的痛苦、尽快看到投资收益等。

我相信绝大多数家长都能理解健身教练的鼓励对学员的积极作用，但是现实生活中家长为何很难成为孩子学习道路上的教练呢？原因有以下两点。

第一，鼓励的前提是陪伴，陪伴需要花费大量时间。鼓励是在孩子忍耐过程中给予正面反馈，这要求家长像优秀的健身教练那样陪伴孩子。孩子学习1小时，家长陪伴1小时，这种行为是对孩子学习的积极鼓励。孩子学习1小时，家长花5分钟查看结果，然后针对结果给予表扬或批评，这只会让孩子反感。即便家长说“你今天很努力，你太棒了”，但这样的鼓励也没有家长1小时的陪伴效果好。

第二，教练鼓励学员是有偿服务。鼓励是教练的工作内容之一。也就是说，教练鼓励学员是有收入作为回报的（收入给了教练即时正面反馈）。而家长的鼓励必须等到孩子的投资（学习）成果在很远的未来真正兑现时才能获得回报。并且，家长还要为孩子学习支付一定的费用。这意味着，家长要放弃当前的享受（休息、娱乐），要花费大量金钱，要忍耐和等待，才能在很远的未来获得回报。

陪伴和鼓励是家长花钱买辛苦，是需要忍耐的投资行为，是特别反人性的事。正因如此，有些家长才会将陪伴孩子时的疲劳化作怨气，一旦孩子犯错就责备孩子，将原本有益的陪伴变成有害的瞎忙活。

当孩子（学习）和家长（鼓励孩子学习）一起做反人性的教育投资时，作为成年人的家长相比孩子应该有更强的想象力，应该有更多的耐心。优秀孩子背后的家长，一定是有想象力的、能忍耐的、无私的、伟大的家长。

请像优秀的健身教练鼓励学员一样鼓励孩子。

科学激励孩子的三个技巧

当下，在育儿过程中，家长是否能够合理激励孩子已经成为成败的关键。为何家长的激励如此重要呢？因为，孩子的选择更多了，家长的竞争对手更强大了。比如，电子游戏、短视频App等就是家长育儿路上最强大的竞争对手。如果家长学不会激励孩子的技巧，那么孩子很容易地就可以从各种电子产品中获得满满的激励。

所以，家长如果希望孩子坚持做一件事，就必须通过适当的激励减少孩子做事过程中的痛苦，帮助孩子爱上这件事。否则，基于各种电子产品的娱乐活动就会成为教育投资的拦路虎，为孩子提供源源不断的“快乐”。如果一个孩子先爱上了电子游戏或短视频App，那么再让他选择延迟满足难于登天。

家长在激励孩子的过程中，要掌握以下三个技巧。

技巧一：关注优点，忽略错误

现代实践派儿童心理学奠基人鲁道夫·德雷克斯在《孩子：挑战》中明确指出，家长对孩子错误的强调可能导致灾难性后果。他在书中分享了一个真实案例：查尔斯是一个8岁的男孩，很喜欢给外婆写信。不论他写得如何，外婆都很高兴。但是当查尔斯的母亲关注他信中的语法错误时，查尔斯的关注点也从正面的享受写信转移到了负面的语法错误上。查尔斯开始害怕犯错。这种恐惧让他产生了很大的心理压力，让他犯了更多错误，这让他感觉很气馁。

查尔斯本来很享受写信这件事。当妈妈关注他的错误时，他开始痛恨写信，因为这给他带来了痛苦。德雷克斯给出的建议是，家长要忽略错误，关注优点。他在书中写道："假如妈妈赞扬查尔斯给外婆写信的这番心意，他会多么高兴和自豪！这就是个正面强调，会让孩子感到愉悦，会激发他想做更多体贴的行为。除此之外，妈妈还可以找出他写得好的地方，并指给他看：'我看到这个C写得很好。真不错，你在不断进步。'这样就可以激励查尔斯书写得更好，因为他对自己的能力有了信心。妈妈可以不去理会那些拼写错误的字词。查尔斯有和妈妈沟通的意愿，这是当下最重要的。指出所有拼写错误，是妈妈对查尔斯的期望过高。"①

---

① ［美］鲁道夫·德雷克斯，［美］薇姬·索尔兹．孩子：挑战．甄颖，译．天地出版社，2020．

很多家长担心，如果不及时指出孩子的错误，孩子无法取得进步。这样的担忧是多余的。孩子犯的错误，学校的老师会及时给予反馈。老师最主要的工作就是指出学生的错误，并传授给他们正确的方法。老师没有时间去关注每个学生努力的过程，但是他们会明确指出学生的正误，并根据结果来评价学生。家长有更多的机会陪伴孩子努力，所以基于孩子努力过程的鼓励是家长最重要的工作，让孩子爱上努力的过程是家长育儿智慧的体现。家校共育说的是家校配合，而不是家校教育同质。家长和学校合理分工才是共育的关键，家长没有必要充当老师的角色。

举一个我身边的例子。我的一个朋友是知名钢琴演奏家，他的女儿自小学钢琴，在上小学时就通过了钢琴十级考试。但是，他女儿上初中后开始抵触练琴，上高中后甚至拒绝练琴。他每次与我谈及此事时，总是带着无限的遗憾。他反思自己与女儿相处的过往，认为导致女儿放弃学钢琴最主要的原因是他太严格了，没有让女儿感受到音乐带给她的快乐。他说："每天晚上女儿在琴房练琴时，我都坐在客厅看电视。每当女儿弹错时，我都会大声说：'你停下来，重新弹这几个小节！'女儿就是在这样的压力和恐惧中练习的，音乐变得只有'对错'。如此，孩子最终放弃钢琴也就不难理解了。"

家长要先通过鼓励让孩子爱上做一件事，实际上做事过程中出现一些错误一般不会产生多么重大的影响。以学习网球为例，一些教练认为孩子一定要在儿童时期把正确动作固定下来，形成肌肉记忆。但是有人仔细研究了世界顶级运动员的动作之后发现，每个运动员都有自成一派的动作特点，所谓的标准动作并不存在。孩子先要爱上做某件事，在热爱的基础上，孩子未来会不断发现问题、改正缺点。可把纠正错误的工作留给老师和未来的孩子，家长要做的更重要的事是给予孩子正面鼓励，让孩子爱上正在做的事情和努力的过程。

技巧二：好话直说，正面鼓励

可能是因为对溺爱的恐惧，很多家长并不习惯正面鼓励孩子。我的一个学生，在大三时完成了一篇论文。她的父亲看完论文后对她说："现在看来，我说你上了三年'被窝大学'，还真是冤枉你了。"我相信大多数读者都能感受到这个父亲是在表扬孩子，他认为孩子的论文是合格的。但是，他并没有对孩子说出"你能写出这样的论文，我为你的努力而骄傲""这是一篇优秀论文"之类的话。

很多家长都因为青春期孩子不愿与自己交流而深感苦恼，埋怨孩子天天和"狐朋狗友"混在一起。这并不是因为孩子的朋友比家长更可爱、更有能力，而是因为孩子从朋友那里可以得到更多的正面反馈。年轻人在一起时会用最简单、最直接的话语来鼓励对方。

所以，家长也应该用直接的方法鼓励孩子。比如，家长要用“好”“真棒”“了不起”之类简单、直接的话鼓励孩子，以让孩子感受到家长对其努力的认可和支持。家长不用担心直接的鼓励会让孩子过于骄傲。另外，鼓励和溺爱之间并没有直接联系。

技巧三：少说话，多陪伴

激励孩子需要技巧，如果家长不善于表达，那么可以选择陪伴。陪伴行为本身就是很好的鼓励。从经济学的角度看，家长陪伴的行为就是主动支出沉没成本①的行为，能够表明家长支持孩子的决心。

无声的陪伴行为本身就带着浓浓的爱，非常适合家长用来鼓励孩子的学习行为。孩子学习的过程中，家长在一旁喊“加油”“真棒”是不合适的。相反，家长坐在孩子身边看自己的书，就是对孩子学习最大的鼓励。这样，家长传递给孩子的信息是：你学习，我支持；你努力，我也付出。

我一个朋友的孩子有阅读障碍症，其学习效率明显低于其

① 沉没成本指已经发生但无法收回的成本。

他孩子。我朋友在孩子上高中后每天晚上与孩子一起学习。孩子最终考上了心仪的大学，朋友通过3年的努力也通过了高级会计师和证券从业资格考试，还自学了许多心理学课程。朋友的做法很简单：在书房放两套桌椅，孩子学习时，她在旁边学习。她每天学到晚上11点，孩子自行安排学习任务和时间。3年间，她除了每天晚上陪孩子学习，在教育层面并没有做其他事情。可想而知，当孩子看到家长陪伴和努力的行为时，他内心得到的力量是巨大的，这样的力量能帮助他克服很多困难。

第三个技巧的关键是少说话。有些家长虽然并不善于沟通，但是他们的话很多。著名心理学家李玫瑾教授曾经在讲座中强调：对于学龄前的孩子，家长说的话越多越好；对于青春期的孩子，家长说的话越少越好。所以，陪伴孩子（特别是青春期的孩子）时，家长并不需要太多语言。行动往往比语言更有力量，更能让孩子感受到温暖。

激励不仅是孩子成长的养料，还能为孩子指出成长的方向。用激励帮孩子减轻努力过程中的痛苦，增加其忍耐的能力，是家长育儿智慧的体现。会鼓励孩子的家长，更可能培养出优秀的孩子。

第 4 章

亲子沟通要“简单”

良好的沟通是家庭稳定的根基，也是育儿最重要的组成部分。会沟通的家长可以将爱传递给每一个家人，也更可能为孩子打造最适宜的成长环境。

家长如何做，孩子更愿意沟通

在所有关于育儿的书籍中，亲子沟通都是最为重要的内容。如果基于语言对人心理和行为的影响进行考虑，沟通可谓育儿过程中最重要的内容。可以说，家庭中、亲子间若能建立良性的沟通机制，育儿更容易取得成功。

市场上关于亲子沟通的书籍可谓汗牛充栋，但是绝大多数书籍都以谈论沟通技巧为主，缺乏沟通底层逻辑的分析。对于很多家长而言，让孩子特别是青春期的孩子坐到自己身边，一起进行一次流畅、融洽、和谐的沟通是一件不太容易的事情。为什么很多孩子和同学甚至陌生人可以聊得不亦乐乎，却不愿意与抚养自己长大的家长沟通呢？因为很多家庭并没有形成一种让孩子愿意和家长沟通的环境。

打造孩子愿意和家长沟通的环境需要解决两个核心问题：第一，让孩子愿意与家长沟通；第二，让孩子在沟通时愿意说真话。这两点在经济学视角下可分别通过“参与约束”和“激励相容”理论来解释。根据诺贝尔经济学奖得主里奥尼德·赫维茨的机制设计理论，参与约束指一个人参与机制获得的可能收益一定比不参与多，激励相容指一种机制如果想达到设计目标需要个体理性与集体理性相容。也就是说，在亲子沟通层面，理想的家庭沟通机制要满足两点，一是相较不与家长沟通孩子与家长沟通能获得更多收益（满足参与约束），二是孩子说出真实想法后所有家庭成员都可以获得更多收益（达到激励相容）。

孩子出生后便开始与家长沟通了，但是随着孩子的成长，亲子两代间的参与约束和激励相容条件一直在变化。在婴儿期，孩子通过眼神、动作、哭闹等向家长传递信息。孩子拥有语言能力后，亲子间的沟通升级了。在幼儿期，孩子所有需求（此时主要是生理和安全需求）都要在家长的协助下才能得到满足，并且家长很容易达到孩子参与约束的条件，所以此时亲子间的沟通机制很容易维持。孩子逐渐长大后，他们发现自己能做的事情越来越多，而且父母很难强迫自己做任何事。此时，家长很难达到孩子参与约束的条件，家长让孩子坐下来并开启沟通的难度随之增大。同时，孩子会发现，自己的自由经常取决于自己说了什么。由此，亲子沟通的激励相容机制发生了变化。也就是说，孩子进入青春期后，随着孩子个人能力的增强，家庭沟通机制中的参与约束和激励相容条件都会发生巨大变化，如果家长不及时调整沟通机制，亲子沟通一定会出问题。

那么，家长如何调整家庭沟通机制，才能使新机制同时满足孩子参与约束和激励相容的条件呢？家长首先要知道家庭整体和各个成员的利益诉求是什么。根据马斯洛的层次需求理论，人类需求从低到高依次为生理、安全、社交、尊重和自我实现。在这些需求中，越低级的需求，越是本能需求，表现得越强烈。高级需求则是个体全面发育之后的产物，要实现高级需求，必须有更好的外部条件。[①]

从孩子的角度分析，他们在7岁左右有了维持自己生命的能力，而且由于不需要参与到维持家庭存续的生产活动中，在父母的呵护下长大的孩子并没有接受过真正的生存考验，这让他们产生了自己可以独立生存的错觉。父母辛辛苦苦为孩子创造的生活环境，让孩子的生理、安全等需求得到了满足，可是孩子并不了解维持这种生活环境的成本。由此，孩子误认为与家长的疏远并不会带来任何痛苦或威胁，生理和安全上的满足感也不会降低。这让孩子愿意与家长沟通的参与约束条件不容易达成，家长让孩子接受家庭沟通机制的难度由此加大。

---

① ［美］亚伯拉罕·马斯洛．动机与人格．颜雅琴，译．台海出版社，2021．

从家长的角度分析，少子化家庭中家长对每个孩子的关注度都远超过去，把孩子培养成才已经成为很多家长的终身事业。这使育儿与家长的自我实现需求紧密挂钩，孩子稍有风吹草动都会让家长产生神经质般的反应。家长希望孩子听话的诉求与孩子渴望更多自由的诉求终究无法达成一致，两代人之间的矛盾甚至冲突由此产生。在沟通过程中，孩子或是会为了满足家长的诉求而欺骗家长，或是根本不传递任何信息以避免冲突。当家长与孩子因诉求差异而无法实现激励相容时，不说真话或不说话便成为孩子可使自己获得更大收益的最优选择。

如果想让孩子“愿意与家长沟通”并且“愿意和家长说实话”，作为家庭沟通机制设计者的家长需要根据孩子的成长变化作相应的调整。

首先，家长应让孩子承担与其年龄相匹配的生活成本。著名心理学家卡尔·皮克哈特在《欢迎来到青春期：9～18岁孩子正向教养指南》中建议：“父母可以采取公平分担的立场，对青少年实行互惠策略……不管孩子提出什么反对意见，父母都可以这样解释：‘一直都是我们帮你做这做那，希望你也能帮帮我们。’”①

---

① ［美］卡尔·皮克哈特．欢迎来到青春期：9～18岁孩子正向教养指南．凌春秀，译．机械工业出版社，2021．

皮克哈特让孩子为家长做事的建议实际上就是让孩子承担一部分家庭生活成本。当孩子亲身感受到维持个人生理和安全需求需要付出成本，而与父母顺畅沟通是降低成本、增加幸福感（或减少痛苦感）的最佳途径，孩子才更愿意参与家庭沟通。

其次，家长要关注孩子的爱好，甚至培养类似的爱好。以共同爱好为话题，两代人的沟通更有机会满足孩子社交、尊重、自我实现等高级需求。沟通带给孩子的快乐越多，沟通也就越容易满足孩子的参与约束条件。比如，同为足球迷的父女更容易找到共同话题，喜欢同一项运动的父子会有很多技术问题需要沟通，喜欢美食的母女可以结伴扫街探店，等等。家长给孩子最好的礼物是陪伴，陪伴的内容体现着家长的智慧与格局。孩子如同一张白纸，家长有充足的时间帮孩子培养爱好。共同的爱好可以提供无数话题，从而为亲子沟通提供无穷的动力。

最后，与孩子沟通时，家长可以主动降低自己的需求等级，以为孩子创造更大的表达空间。当家长以尊重和自我实现为目的与孩子沟通时，孩子为了减少与家长的冲突，可能只提供家长更愿意接收的信息，这样两代人之间的激励相容机制便很难建立。

青春期的孩子处于生长发育期，同时他们的学习压力很大。在这种情况下，家长一方面希望孩子好好成长、好好学习，另一方面希望自己被孩子好好对待，这是极难实现的。家长如果能理解孩子正在成长的现状，那么家长与孩子实现共同利益诉求的可能性将大大提高。家长能听到孩子的真话，才能保护好孩子。

孩子愿意与家长沟通，亲子沟通就可以顺利进行了吗？不一定。即便如此，沟通的过程一样充满诸多难题，家长要去面对、解决。

家长如何做，亲子沟通更顺畅

当家庭沟通机制可以满足参与约束和激励相容的条件时，孩子便有了与家长沟通的动力。但是，沟通的过程同样充满诸多难题，家长要去面对和解决。与孩子沟通时，家长至少要注意三个要点。

家长应注意的第一个沟通要点：沟通双方的结构关系

我们应该从博弈论的角度分析沟通参与者之间的结构关系，并根据结构关系的不同制定相应的沟通策略以及沟通方式。

在亲子沟通中，家长与孩子是沟通的两个主体。这两个主体之间的博弈的结构关系会因沟通内容的不同而发生相应变化。

比如，两代人就早恋问题进行沟通时，是否要谈恋爱这一行为的决策权是属于孩子的，家长对此事没有控制权。[①]在孩子拥有决策权的情况下，没有控制权的家长能采取的沟通策略是说服。再如，两代人讨论孩子是否应该学街舞时，因为孩子学街舞的费用需家长负担，所以孩子是否应该学街舞的决策权同时属于家长与孩子。在家长与孩子分享决策权的情况下，家长能采取的沟通策略是谈判。

如果沟通双方都没有决策权，决策需要第三方做出，那么沟通就进入了辩论模式。辩论模式在职场出现的频率较高。比如，两个部门在工作中因为责、权、利的划分而发生了矛盾，这时往往需要上级领导做出最终裁决。在家庭沟通中辩论模式并不常见，如果家长与孩子的沟通出现了类似辩论的情况，大概率是因为沟通中出现了其他问题。

如果家长获得了绝对决策权，沟通模式就变为命令模式。家长下达命令，孩子执行。命令模式的沟通在家庭中也是很少出现的，家长只有在孩子婴幼儿期可能拥有绝对决策权。随着孩子年龄的增长，家长拥有绝对决策权的情况会减少甚至消失。有些家长认为自己在孩子面前一直拥有绝对决策权，这只是家长的误解而已。

---

① 有些家长认为自己可以通过威胁、贿赂、惩罚等方式对子女谈恋爱的行为进行控制。事实上，这种控制力量极弱，而且孩子有很多逃避家长控制的对策。所以，孩子谈恋爱的决策权实际属于孩子。

在日常生活中，家长与孩子的沟通模式大多属于说服和谈判模式，其中说服模式的比例最高。正因为在说服过程中家长并不拥有绝对决策权，所以很多家长觉得与孩子沟通十分困难。

家长应注意的第二个沟通要点：对分歧的理解

人和人之间存在分歧是正常的，沟通的目的之一就是化解分歧、达成协作。当然，分歧不同，达成协作或共识的难度也不同。比如，孩子想学街舞，希望家长出钱资助，家长则认为孩子应该承担一部分费用。家长和孩子如果针对双方的出资比例进行沟通，那么双方的分歧就是利益分歧。成年人在商业活动中遇到的分歧大部分是利益分歧。利益分歧可以通过利益的挖掘、选项的创造等方法化解，沟通双方较容易达成共识。

常见的分歧除了利益分歧还有认同分歧。影响认同的原因很多，哈佛大学教授丹尼尔·夏皮罗认为，“认同的五大支柱”分别是信仰、仪式、忠诚、价值观和情感上的重要经历。[①]

相较于利益分歧，认同分歧的和解难度更大。比如，关于孩

---

① 信仰指信念、原则和道德；仪式包括重要的生活习俗和仪式性行为；忠诚指对任何个人、组织的强烈忠诚度；价值观是指导原则和至高理想，比如公正、同情、自由等；情感上的重要经历指那些意义非凡的事件。

子谈恋爱的问题，家长可能认为孩子在学生时代谈恋爱的行为必须禁止，孩子则可能认为自己有喜欢的异性很正常，而且谈恋爱并不会影响学习，家长不应该干涉。这时，两代人的分歧并不涉及利益，而是关于原则的分歧，这种分歧便是认同分歧。

家长应注意的第三个沟通要点：目标

在沟通中，“沟”是手段，“通”是目标。也就是说，沟通只是手段，实现沟通目标才是最重要的。比如，在上文关于学街舞的例子中，家长与孩子沟通的目标可以是让孩子承担更多的费用，也可以是让孩子放弃学街舞，还可以是让孩子感受到家长对他的爱好的支持。家长设定的目标不同，沟通中家长与孩子的结构关系不同，适合的沟通策略也不同。

在沟通的过程中，双方经常因为分歧而慢慢忘记最初的目标，致使沟通朝着失控的方向发展。特别是出现认同分歧时，双方的沟通模式可能会由说服转向辩论，甚至发展成争吵。这时沟通双方基本处于敌对状态，一方提出的方案和想法可能会被另一方想象成摧毁自己的阴谋。所以，家长在与孩子沟通的过程中要确保沟通的模式和内容没有偏离原定的目标，偏离目标的沟通很容易让双方的分歧进一步加大。

家长如何消除沟通中的种种障碍呢？最简便的方法有两个——增加沉没成本和讲故事。增加沉没成本可以体现家长的决心，而讲故事（经济学上称为叙事）则可以将道德、原则、高高在上或冷冰冰的形象和概念还原为实实在在的人和事。人都不爱听大道理，但是都喜欢听故事。

以上文讲过的两代人关于谈恋爱的沟通为例。我们假设，家长的沟通目的是让孩子不要谈恋爱，因为家长认为谈恋爱会影响学习。家长对孩子谈恋爱的行为没有决策权，所以家长在这场博弈中处于说服的一方。孩子很可能认为谈恋爱并不会影响学习，所以不接受家长的建议。这时，家长与孩子之间便产生了认同分歧。如果家长用讲道理的方式向孩子罗列谈恋爱的种种危害，那么孩子的反应极可能是不耐烦、厌恶甚至抵抗。

家长如何面对这种顶级沟通难题呢？不妨找个合适的时间和孩子聊聊自己学生时代的感情故事。我想大部分家长在自己的少年时代都遇到过令自己怦然心动的对象，都有过恋爱或暗恋经历。

其实，家长是通过直接或间接经验而得到结论的。如果家长跳过经验习得的环节直接将结论告诉孩子，孩子产生认同的可能性极低。相反，当家长把自己曾经的经验讲给孩子时，孩子更能感同身受，更有可能接受家长的观点。而且，当家长说出自己深藏在心底的秘密时，这种主动增加沉没成本的行为（说出口的话是无法收回的，是沉没成本）向孩子展现了家长愿意与孩子真诚沟通的决心，更容易感染孩子。[①]

我并不认为一次高质量的沟通能让两代人在早谈的问题上达成共识，但是高质量的沟通一定会对孩子产生正面影响。即便孩子无法与家长达成共识，无法从当下的感情中跳出来，家长的故事也能给孩子提供一些有益的参考。如果家长将沟通的目标从“说服孩子不要谈恋爱”变为“减少恋爱对孩子学业的影响”“确保孩子的安全”等，那么高质量的沟通让家长实现目标的可能性将大大提高。

亲子沟通是一门艺术，这种艺术的根基是爱。在爱的基础上，家长需要了解沟通最底层的逻辑，进而用理性的方式在两代人之间建立良性沟通机制。

---

① 沉没成本是指已经发生但无法收回的成本。故意增加沉没成本可以体现当事人的决心。在这里，家长说出自己的“秘密”是增加沉没成本的行为。

亲子沟通的基础是无条件的爱

沟通是一门艺术，沟通机制合理与否是沟通能否顺利进行的关键。亲子沟通的基础是爱。如果没有爱，精心设计的沟通机制便成了家长“套路”孩子的手段，最终只会让两代人的心渐行渐远。

“对孩子的爱是无条件的”“要给予孩子无条件的爱”是很多家长的口头禅。但是“什么是无条件的爱？”“无条件的爱会不会变成溺爱？”等问题也困扰着家长，让家长在日常育儿过程中不知所措。

怎样的爱是无条件的爱？不同学者有不同的论述。畅销书《前世今生2：总有奇迹降临》中讲：“无条件的爱不会要求任何回报。这种纯粹的爱永远不会造成依赖或者债务。它只是简单地存在着。”[1]畅销书《你是孩子最好的朋友：十个真相改变你的育儿方式》中讲：“我们对孩子无条件的爱不能取决于他们的技能或行为。无条件地爱孩子意味着，无论如何，有他足矣。关于无条件的爱有这样一种说法：‘即使你保持现在的所作所为，也值得被爱。’”[2]心理学家卡尔·罗杰斯曾说，最好的爱是无条件的爱，不管你的外在条件如何，我一如既往地爱你，我仅仅因为你是我的孩子或爱人而这么爱你，我的爱是没有条件的。

归纳上述观点，我们不难发现，给孩子无条件的爱最核心的因素是人，是孩子本人。家长爱孩子应该是无条件的，无论孩子怎样，家长都应爱孩子。不论孩子做了对的事，还是做了错的事，家长都应全心全意地爱孩子这个人。

当然，无条件地爱孩子，不等于要接受孩子的一切行为。当孩子做错事时，家长应该及时予以纠正，这既是家长的权利，也是家长的义务。如果孩子并未听从家长的建议，或是听从了家长的建议却依旧做错了事，家长还是要坚定不移地爱孩子。举一个极端的例子，即使孩子做了违法犯罪的错事，家长依然应该爱孩

---

① ［美］布莱恩·魏斯，［美］艾米·魏斯．前世今生 2：总有奇迹降临．刘海青，吴春玲，译．江苏文艺出版社，2013．

② ［美］琳达·哈特菲尔德，［美］泰·哈特菲尔德，［美］温迪·托马斯·罗素．你是孩子最好的朋友：十个真相改变你的育儿方式．张玉硕，译．中国青年出版社，2022．

子，并要用爱的力量将孩子带到正途上来。

接受孩子这个人是无条件的爱的前提。如果孩子感到家长对自己的爱是基于某些事情的，那么孩子感受到的爱便是有条件的爱。日常生活中，这样的例子很多。比如：孩子考了好成绩或听话时，家长会十分热情；一旦孩子成绩不佳或者不听话，家长的态度就会发生巨大的改变。这种因孩子不同情况而表现出不同态度的爱，在孩子看来就是“妈妈爱的是考好成绩的我”或“爸爸爱的是听话的我”的“有条件的爱”。

在亲子沟通过程中，最常见的情况是家长无法接受孩子的情绪或态度，而导致沟通在开始时便陷入僵局。孩子还小的时候，并没有掌握用语言来表达情绪或感受的能力，只会用哭闹、尖叫、打人等方式表达自己的情绪。孩子长大后虽然有了语言表达能力，但很多时候家长首先接收到的是孩子的情绪信息。家长应该先以无条件的爱接受孩子的情绪和表达情绪的行为，这是良好的亲子沟通的开始。很多时候，接收到孩子传递的情绪信息时，家长最先做的事情是告诉（指责）孩子：你有这样的情绪是错误的。那么，接下来的亲子沟通的主题就变为——为什么不应该有这样的情绪或行为。相应地，家长会进入沟通难度最高的说服模式。当沟通目的变成说服孩子放下当下的情绪时，沟通基本上不会太顺畅。

达尔文认为，情绪（以及情绪对应的表情）是我们的祖先遗传给我们的。所以，家长应该以无条件的爱接受孩子的所有情绪，之后再通过沟通对孩子的行为进行适当的干预。其实，当家长接纳了孩子的情绪，在情绪得到宣泄后孩子自然会做出改变。

我们假设一个比较极端的场景。一个孩子放学回家后和家长说："我们班的小王真是个浑蛋，我要揍他一顿。"孩子主动向家长表达负面情绪背后的经济学意义是：孩子认为向家长表达负面情绪相比自己忍受负面情绪效用更高。[①]如果家长听到孩子想动手打人的想法后，马上进行制止并教育孩子打人是违法的、错误的，那么孩子既无法排解当下的负面情绪，又遭到了家长的训诫，他的不快乐反倒进一步增加了。如果与父母沟通的结果是痛苦的增加，那么家庭的沟通机制明显无法满足孩子参与约束的条件，孩子与父母的主动沟通就会越来越少。

既然情绪是人类的本能反应，既然家长应该给予孩子无条件的爱，既然孩子认为向家长表达负面情绪能减少自己的痛苦（增加快乐），那么家长就应该接纳孩子的情绪。有教育专家指出，接纳孩子的情绪并不难，家长只要重复孩子所说的最后一句话，就能让孩子感觉到家长在认真倾听，并接纳了自己的情绪。具体应该怎么做呢？我们来看一下下面这段对话。

---

① 孩子主动向家长说出这类"过激"的话，可能说明亲子沟通没有问题。孩子拒绝与家长沟通才是真正的问题。

孩子和家长说：“我们班的小王真是个浑蛋，我要揍他一顿！”

家长心平气和地说：“你要揍小王一顿啊。”

孩子：“嗯，真想揍他一顿。他今天在学校向老师打我的小报告！”

家长：“小王打你的小报告了啊。”

孩子：“对，他打我的小报告，他气死我了！”

家长：“你很生气啊。”

孩子：“是的，气死了。我先不说了，我饿了，先吃点东西。”

家长：“好，你先吃点东西。”

像这样，家长只需要重复孩子最后一句话，便可以很大程度上缓解孩子的负面情绪，减少他因负面情绪而产生的痛苦。由此，家长还可以获得关于孩子的很多信息，家长维护孩子安全的需求也可得到一定程度的满足。

以无条件的爱为前提，让孩子接受家庭沟通机制的参与约束条件更容易达成。用重复最后一句话的方法，可让孩子感受到自己被倾听、被尊重，孩子的负面情绪也可以得到宣泄。此外，家长对孩子了解得更全面，才能对亲子关系做出更准确的预期与规划。

细心的家长可能会发现，这样的沟通机制虽然符合经济学原理，但是并未真正解决孩子的实际问题。如果家长希望利用沟通解决问题，那么需要学习更多的沟通技巧，比如被很多人推崇的非暴力沟通法。

无所不能的亲子沟通法——非暴力沟通

非暴力沟通是著名心理学家马歇尔·卢森堡博士创立的沟通理论和沟通方法。专门论过该理论的图书《非暴力沟通》自出版以来便畅销不衰，已成为相关领域的经典作品。卢森堡博士认为：人与人之间相互联结是人类的天性，非暴力沟通能以一种具体的方式帮助人们活出天性。非暴力沟通的核心是非暴力，卢森堡博士也称之为善意或由衷的给予。卢森堡博士所说的善意在家庭层面可以理解为无条件的爱，家庭沟通只有建立在爱的基础上，才能完成沟通目标，也才能促进亲子两代共同成长。

卢森堡博士将沟通分为客观观察、识别感受、发现需求、提出请求四个步骤。客观观察是沟通的第一步，这个步骤的关键在于沟通者要客观地观察和陈述，避免对正面临的事情进行主观的评论。

比如，家长与孩子说话时，孩子在玩手机，家长特别生气：“我和你说话呢，你却在看手机。你不认真听我说话，你不尊重我。”“我和你说话呢，你却在看手机”是家长的观察；“你不认真听我说话，你不尊重我”是家长的主观评论。

再如，孩子对家长说：“我真想打我们班小王一顿。”如果家长听到孩子的话后认为“孩子有暴力倾向”或“他肯定受了欺负”，这是家长的主观评论，并非客观事实。

前文提到的“重复孩子最后一句话”的沟通方法，其实就是非暴力沟通中观察步骤的简易版。当家长重复孩子最后一句话时，家长给孩子的反馈便是“我在客观地观察和陈述”。①

沟通者是否能客观观察（陈述）决定着沟通的成败和走向。当沟通者用主观评价替代客观观察时，沟通便可能变成道德评判，随时会进入辩论模式。比如，孩子对家长说：“我们班的小王真是个浑蛋，我要揍他一顿！”如果家长的第一反应是“我的孩子有暴力倾向”，那么之后的沟通可能朝着探讨暴力的方向发

---

① 下面这个方法可以帮助家长判断自己的观察或陈述是否客观。如果相关观点带有形容词、副词，或是关于价值判断的词时，比如经常、很、总是、好、坏等形容词或副词，或没礼貌、没教养、有暴力倾向、不负责等关于价值判断的词，那么这样的观点多是主观的。

展。如果家长的第一反应是“我的孩子受了欺负”，那么之后的沟通可能朝着如何报复小王的方向发展。如此，无论哪种沟通，都无益于真正解决孩子的问题，都无法促进孩子健康成长。

非暴力沟通的第二个和第三个步骤分别是识别感受和发现需求。识别感受更容易让沟通的双方彼此共情，也可以帮助沟通的一方确认另一方真正的需求是什么。比如，孩子对家长说“我们班小王是个浑蛋，我要揍他一顿”时，他内心的感受可能是委屈、生气、失望等。不同感受背后的原因不同，对应的需求也不同。如果孩子的感受是委屈，那么背后的原因可能是小王误会了他，他的需求是理解；如果孩子的感受是生气，那么背后的原因可能是他的安全受到了威胁，他的需求是安全感；如果孩子的感受是失望，那么背后的原因可能是小王背叛了他，他的需求是信任或归属感。

再比如，孩子因为写作业不顺利在书桌前哭鼻子，家长则在旁边气愤地训斥孩子。这时孩子的感受可能是疲劳（对应的需求是休息），可能是生气（对应的需求是家长的支持），可能是自卑（对应的需求是欣赏）。家长的感受可能是失望（对应的需求是欣赏）或自责（对应的需求是信任）。不论孩子与家长的感受和需求具体是什么，哭泣、怒吼都无法解决问题。亲子沟通必须在正确的轨道上，才可能解决问题。

家长从孩子出生起就应该有意识地引导孩子正确表达自己的感受和需求。家长在日常生活中要主动向孩子表达自己的感受和需求，这样孩子才更可能习得这样的行为模式。

另一个需要注意的事项是，需求并不是某种具体的行为，而是抽象的人类共有的基本需求。卢森堡博士列出的人类的基本需求有自主选择（方向、目标等）、内外一致（真实、自我肯定等）、庆祝（纪念、哀悼等）、相互依存（接纳、欣赏、支持等）、精神交流（美、和谐、秩序等）、玩耍（乐趣、欢笑等）和滋养身体（食物、休息、运动等）。[①]这些需求是人类共有的，不同的人对这些需求的理解基本相同。当这些需求被满足时，人的幸福感（效用）会提高。

非暴力沟通的第四个步骤是提出请求。卢森堡博士认为，关心他人和乐于互助是人类的天性，所以当沟通的一方善意地提出请求时，另一方也会给予善意的回应。非暴力沟通中，请求的方法是使用正向、具体的语言，有意地提出请求。比如，在上文的例子中，如果孩子因为小王误会自己的行为而感到委屈，那么他的需求是理解。这时，家长可以向孩子提出请求，比如："我很想知道小王对你的行为的看法，你能不能和小王聊聊？"如果孩子因为小王背叛了自己而感到失望，那么他的需求是信任或归属

① ［美］马歇尔·卢森堡．非暴力沟通（修订版）．刘轶，译．华夏出版社，2021．

感。这时，家长可以向孩子提出请求，比如：“你能和我说说你是如何理解友情的吗？”

卢森堡博士强调，人们要学会区分请求和要求（或命令），并防止在沟通中要求（命令）对方。比如，在上文的例子中，如果家长说“你去和小王谈谈”或者“你是如何理解友谊的，告诉我”，那么这就是在要求或命令孩子。①

沟通是一门艺术。很多人在工作中非常重视与他人的沟通，在家庭中却忽视了向家人表达爱，也不会用合理的方式与家人沟通。在日常生活中，绝大多数育儿问题都可以用良性的沟通来解决，会沟通的家长才能培养出身心健康的孩子。

---

① 受篇幅限制，本文仅简单地介绍了卢森堡博士创立的非暴力沟通的一些理念和方法。强烈推荐家长阅读卢森堡博士的专著——《非暴力沟通》。这是一本可以改变家长和孩子的书。

第 5 章

如何提升孩子的心理资本

当下，在育儿过程中，家长对孩子物质资本、人力资本和社会资本的积累非常重视，却普遍缺乏对孩子心理资本的关注。帮孩子积累充足的心理资本，实际上更为重要。

培养孩子的高自尊，提升孩子的心理资本

当下，家长对孩子的教育异常重视，社会上有人甚至用教育军备竞赛这样的说法形容当下家长与家长之间、孩子与孩子之间的竞争状态。从经济学的角度看，人力资本已经被证明是促进经济增长的重要力量，也是影响个人收入的重要因素，而教育是提高人力资本的重要途径。所以，家庭对于孩子教育的高投入是符合经济规律的。但是，在绝大多数家长意识到教育对子女之重要性的同时，很多家长忽视了孩子心理资本的投入与积累。

心理资本的概念目前主要应用于心理学领域。国际知名心理学家、管理学家弗雷德·鲁森斯认为，心理资本是一种个人的积极心理状态，它比经济资本（财产）、社会资本（社交圈）和人力资本（如知识、技能、经验等）更重要。个人的积极心理状态

有如下几个特征：1.相信自己通过必要的努力能成功完成一项有挑战性的任务（自我效能）；2.对现在和将来发生的一切能进行积极归因（乐观主义）；3.会为达成目标坚持不懈地努力，必要的时候会调整自己的方法（希望）；4.当被问题和逆境困扰时，不轻易放弃，甚至能克服困难达到成功（韧性）。[①]

想了解心理资本对人的重要性，我们可从一个心理学实验开始。哥伦比亚大学的一个研究小组对美国1000多名儿童和青少年的大脑结构进行分析后发现：相比年收入在15万美元以上的家庭的孩子，年收入低于2.5万美元的家庭的孩子大脑皮层表面积平均小6%。这种差别主要集中在负责记忆、语言加工、抑制冲动、自我调节的大脑区域。[②]

同时，大量心理学研究表明，贫穷还会导致经济压力、学习压力、交际压力、世俗观念压力等。这些压力会导致焦虑心理、自卑心理、闭锁心理、抑郁心理、负疚心理等。也即，来自贫穷家庭的孩子从高中毕业、被大学录取、获得更高学历的难度更大，成年后拿到的薪水更低，他们也更容易失业。这很容易导致贫穷的恶性循环，甚至社会阶层固化。

---

① ［美］弗雷德·鲁森斯．组织行为学（第11版）．王垒，姚翔，童佳瑾等，译．人民邮电出版社，2009．

② 刘嘉．心理学通识．广东人民出版社，2020．

那么，怎样才能打破“穷人恒穷，富人恒富”的恶性循环呢？心理学家的研究发现，那些出身贫困家庭，最终取得成功、实现逆袭的孩子，都是具备高自尊的孩子。用鲁森斯的话说是这样的：这些人都是具备高心理资本的人。

心理学家刘嘉教授的实验也证明了这一点。他把参与实验的大学生分成了四类——来自富裕家庭的高自尊大学生与低自尊大学生以及来自贫困家庭的高自尊大学生与低自尊大学生。刘嘉教授发现，来自贫困家庭的大学生的海马体体积平均值显著小于来自富裕家庭的大学生。这个结果印证了贫穷可能影响孩子的大脑结构及功能。研究同时发现，那些来自贫困家庭的高自尊大学生的海马体体积平均值和来自富裕家庭的大学生的海马体体积平均值，没有显著差别。这说明，高自尊可以抵消贫困的负面影响，促进孩子的大脑发育。刘嘉教授认为，自尊会在贫困所带来的压力和人的心理世界之间建立一道牢不可摧的防线，帮助来自贫困家庭的孩子摆脱贫困的恶性循环。[①]

2022年夏天，东方甄选主播董宇辉吸引了大批网友的关注，一时成为网红，很多家长甚至带着孩子一起看董宇辉直播。在直播中，董宇辉经常说出幽默、有深度且十分温暖的话语，激励和温暖了很多网民。他曾在直播中谈及他在农村种地的父母和儿时

---

① 刘嘉．心理学通识．广东人民出版社，2020．

的各种经历，从他的自述中我们可以了解他并不是出生于富裕家庭。但是，我们从他身上看到了自信、乐观的精神，以及敢于拼搏、勇于挑战的态度。这种状态便是一个拥有高心理资本的人的真实状态，高心理资本无疑是让出身普通（也许是出身贫寒）的董宇辉取得今天的成绩的重要因素。从董宇辉口中我们可以听到一些他父母、老师给予他的支持和鼓励，我猜测这便是董宇辉获得高心理资本的主要原因。

劳动经济学领域的研究已经证明，家庭的物质资本（家庭的经济状况）、人力资本（家庭成员受教育的程度）、社会资本（家庭的社会关系）都会对孩子的远期收入产生影响。高收入、高学历、高社会资本家庭的孩子成年后收入水平明显高于相关条件相对较差家庭的孩子。既然社会实际情况如此，家境普通的家长更应该为提高孩子的心理资本而努力，以让孩子在未来激烈的社会竞争中拥有自己独特的优势。

据我的观察，个人心理资本状况与家庭经济状况并没有直接关系。我接触过家境优渥但自卑甚至因此抑郁的孩子，也接触过家境普通但乐观积极的孩子。有人认为这可能与孩子自身的性格有关，但我认为影响孩子心理资本的主要因素是家长的教育方式。

现代心理学创始人、哈佛大学心理学教授威廉·詹姆斯给自尊下了这样一个定义：自尊=成功÷抱负。也就是说，自尊与获得的成功成正比，与内心的抱负成反比。成功越多，抱负越低，自尊越强，心理资本越高；反之，成功越少，抱负越高，自尊越弱，心理资本越低。

普通家庭如何培养出一个高自尊的孩子呢？家庭是最重要的训练场，家长可以通过“胜利者效应”培养孩子的高自尊和高心理资本。

利用“胜利者效应”提升孩子的心理资本

我在前面讲过，自尊=成功÷抱负，而高自尊可以抵消贫困对大脑的负面影响。高自尊需要足够多的成功来支撑。那么，如何才能获得成功呢？失败是成功之母吗？从心理学的研究来看，失败不是成功之母，成功才是成功之母！

2017年，浙江大学的胡海岚教授利用神经电生理技术和光遗传学技术，帮助地位低的老鼠打破阶层固化，并发现了“胜利者效应”。老鼠世界存在社会等级。等级更高的雄性老鼠有更多的食物、更大的领地，可以与更多雌性老鼠交配。当两只老鼠在一座独木桥上狭路相逢时，地位高的老鼠会前进，而地位低的老鼠则会后退、躲避。胡海岚教授发现：老鼠在社会竞争中的行为与大脑内侧前额叶的活动有关；当老鼠消极后退时，这个脑区神经元的活动水平没有显著变化；当老鼠奋勇向前，并做出推挤和对抗的行为时，这个脑区神经元的活动水平显著增强。

基于这个发现，胡海岚教授利用光遗传学技术，人为地刺激地位低的老鼠的大脑内侧前额叶脑区的神经元。在大脑受到外部刺激后，地位低的老鼠勇气倍增，面对地位高的老鼠时不再退缩，而是发起了一次又一次进攻，最终成功将地位高的老鼠从独木桥逼退。更让人感到意外的是，地位低的老鼠在外部刺激的作用下6次成功逼退地位更高的老鼠后，在没有外部刺激的情况下也敢于主动向地位高的老鼠发起挑战，把地位高的老鼠赶下独木桥。在独木桥上取得成功后，地位低的老鼠在争夺更舒适居住环境的竞争中也击败了地位高的老鼠。胡教授发现，先前6次胜利经验改变了地位低的老鼠的大脑结构和功能，并使它们有了再次争取胜利的勇气。这项研究成果被刊登在世界顶尖科学杂志《科学》上。这一发现证实了胜利者效应的存在：先前的胜利经验，会让之后的胜利变得更加容易。[①]

我们在日常生活中也能发现很多与胜利者效应相关的例子。比如，有研究人员发现，多数优秀运动员都出生在1～3月，这可能与胜利者效应有关。美国著名经济学家史蒂芬·列维特在《魔鬼经济学》中讲道："德国球队中，52名顶级运动员出生于1～3

---

① 刘嘉．心理学通识．广东人民出版社，2020．

月，只有4名运动员出生于10～12月。”[①]这与欧洲青年足球联赛以下两项措施有关：1.所有赛事都是按年龄分组的；2.以12月31日作为出生日的截止日期。在儿童阶段，由于人体发育速度很快，所以对于年龄相同的孩子来讲，年初出生的孩子比年末出生的孩子更有身体上的优势，但他们会被分在同一个组别进行比赛。这样，年初出生的孩子在竞争中获得胜利的次数可能更多，由此他们会获得更多上场机会，从而变得更自信，更可能成为顶级运动员。

许多家长在育儿过程中十分重视孩子物质资本的积累。比如，认为女儿要富养的家长会刻意给孩子提供更优越的物质条件。也有很多家长十分关注孩子的人力资本积累，在孩子教育方面投入巨大。还有家长会刻意给予孩子很多社会资本，让孩子尽早接触成年人的社交圈，以扩展人脉资源。是的，以上这些做法都会对孩子产生良好的影响，但是孩子心理资本的建设与加强常常被家长忽视。不仅如此，日常生活中有一些家长甚至故意打压孩子，导致孩子自尊受损。比如，有些家长为了防止孩子自负，会在孩子取得好成绩时给予打击，对孩子说“这么一点成绩不值一提”“隔壁老王家的儿子比你做得好多了”等。胜利原本会带给孩子更多的信心，有助于他们取得更多胜利，可是

---

① [美] 史蒂芬·列维特，[美] 史蒂芬·都伯纳. 魔鬼经济学2：拥有清晰思维的艺术. 曾贤明，译. 中信出版社，2021.

家长的打压会让孩子无法通过胜利获得激励，从而错过胜利者效应。

家长担心孩子过于自信是可以理解的，自尊膨胀确实会引发很多问题，但是家长刻意打压孩子是非常不可取的。心理学家简·博克在《拖延心理学》中写道：“或许，家庭对孩子影响最大的，就是对孩子自尊心发展的压制。自尊是对自我价值的评估。如果自尊比较低，你就会感到空虚。如果自尊膨胀，你就会感觉自己几乎是全能的。个人成长中的一个使命就是要发展出对自己能力的合理认知，接受自己的局限，同时又能维持一种积极的自我价值感……很少受到称赞的孩子或者经常受到批评的孩子，可能会认为除了令人失望，自己什么都做不成，认为‘我一无是处！’”。①

我们时常看到青少年自杀的惨剧。很多家长在看到这样的新闻后会说：这一代年轻人的抗压能力真差；他们就是缺少挫折训练；生活条件太好了，他们受不了一点委屈；等等。

我曾接触过有自残行为的学生。我与这些学生深度交流后发现，他们大多在家庭中没有获得足够的自尊，他们都长期处于自卑和自我怀疑的困境中。所以，我猜测，导致孩子做出极端行

① ［美］简·博克，［美］莱诺拉·袁．拖延心理学．蒋永强，陆正芳，译．浙江教育出版社，2021．

为的挫折或打击很可能只是压死骆驼的最后一根稻草。在之前的很长一段时间里，这样的孩子可能都处在自我怀疑甚至自我攻击的恶性心理环境中。如果一个孩子认为自己不论做什么都得不到家长的肯定、不论做什么都做不好，那么他们可能就会有极端行为。

成功是一个可以被灌输的概念！

如果孩子不相信自己可以取得成功，如果孩子取得成功时不能得到应有的反馈，那么其童年一定是灰色的，其内心一定是空虚的。对这样的孩子来讲，任何一次失败都可能成为压垮他们的最后一根稻草。所以，让孩子取得胜利，让孩子被胜利鼓舞，让孩子在胜利中学会如何再一次取得胜利，才是家长最应该做的。这样，孩子才能拥有高心理资本，才能在未来用童年治愈一生。

如果过多的胜利让孩子自尊膨胀，让孩子误认为自己是全能的，家长该怎么办呢？是不是需要让孩子接受一些挫折教育呢？且看下文。

孩子需要挫折教育吗

是否要让孩子接受挫折教育是家长们经常讨论的问题，相关的书籍也很多。比如，知名儿科医生崔玉涛的《崔玉涛自然养育法》、发展心理学博士陈忻的《养育的选择》等书都有关于挫折教育的论述。

陈忻博士的书中有这样一个案例："我（咨询人）妈是挫折教育的坚定实施者，这也是她30多年来一直津津乐道的育儿良方。她的所谓挫折教育就是人为给孩子制造些障碍，严厉对待，极少表扬和肯定，永远在批判孩子。这就是我这30多年一直饱受心理折磨，做不到自我肯定，对自己极其没自信的根源所在。"[①]

① 陈忻. 养育的选择. 中信出版社，2016.

日常生活中，不止一个朋友问过我类似的问题：“我该不该为孩子安排一次失败的经历？”每次听到家长问这样的问题，我的第一反应都是：“你的娃是亲生的吗？”

崔玉涛医生和陈忻博士针对希望实施挫折教育的家长在书中给出的建议都是“NO”。崔医生的观点是：“开门见山地说，用多‘挫’培养抗挫能力，很难真的达到目的。大家不妨换位思考一下，如果每天都生活在否定里，受到各种或大或小的打击，你是会更加斗志昂扬，还是一蹶不振？当然不排除确实有些韧性超强的人，面对重重困难，依旧越挫越勇，最后突破自我取得了成功，但是对于大多数普通人来说，在接连不断的打击与重压之下，会做何反应，答案显而易见。”[①]

陈忻博士的观点是：“有些父母认为，挫折教育就是在孩子碰到困难的时候，让他们自己面对和解决，希望借此培养他们的抗挫折能力；更有些父母故意制造困难或者送孩子去吃苦夏令营等，试图用这些机会让孩子提高抗挫折能力。可是，这些所谓的‘挫折教育’，效果多数都不尽如人意。”[②]

对于什么是挫折，陈忻博士写道：“很多父母看不到孩子面临的挫折，他们会说，这种鸡毛蒜皮的事哪能算挫折？比如，对

---

① 崔玉涛，刘子君．崔玉涛自然养育法．中信出版社，2021．

② 陈忻．养育的选择．中信出版社，2016．

于4岁的孩子来说，正在玩的球滚到沙发下面自己却拿不出来，这是挫折。对于4岁的孩子来说，丢了一块心爱的橡皮，这就是挫折。并不是轰轰烈烈的事才是挫折，对小朋友来说，父母眼里鸡毛蒜皮的小事都可能是挫折。”[①]

上述两位专家分别从各自的角度针对挫折教育给出了自己的建议。如果从经济学的角度来分析，我们可能会对挫折教育有更加深入的理解。其实，认为孩子需要挫折教育的家长大多有这样的担心：胜利是不是会让孩子骄傲自满，失败是不是会导致孩子失望甚至沉沦。进一步说，家长担心胜利可能会给孩子带来过大的刺激，所以想用失败或挫折来抵消一部分胜利的刺激。

这些家长更看重结果！他们忽视了一个事实，结果是过程导致的。

如果家长将注意力转移到孩子做事的过程上，就会发现所谓挫折教育根本就是个伪命题。任何人在做一件事的过程中，都要面对无数困难，这些困难其实就是挫折。也就是说，几乎每一个认真做事的人每时每刻都在经历挫折，只不过这些挫折并非人为制造的，而是天然存在的。

比如，我和女儿学习单板滑雪的换刃技术时，每天都会因为卡刃而摔倒数十次。又比如，我女儿初学书法时，相当长一段

① 陈忻．养育的选择．中信出版社，2016．

时间内完全无法通过中锋运笔写好横画。这些困难就是挫折。当我们成功地学会了换刃时，当女儿成功地掌握了横画的书写技巧时，我们无比兴奋，我们知道这是我们战胜了无数次挫折的结果。

苏翊鸣获得了2022年北京冬奥会单板滑雪男子大跳台比赛金牌。可想而知，在此之前他一定遭遇过无数次挫折。

追求挫折教育的家长一定会追求好的结果，一定会因为好结果表扬孩子，也会因为坏结果批评孩子。只要家长和孩子不过度关注结果，那么好结果导致孩子盲目自大或坏结果导致孩子萎靡不振的可能性就很小。不过度关注结果，孩子才会把更多的注意力放在如何解决努力过程中出现的问题上，因为他们知道纠结于结果是毫无意义的，只有对过程下手，才会有新的提升。

每个孩子都要接受生命教育

如果不过度关注结果，那么坏结果带来的痛苦或挫败感便不会那么强烈。如果将注意力集中于过程，那么坏结果不过是过程需要调整的信号，并不会带来严重的挫折感。这是我在上文所讲的。

在这里，我想讲讲生命教育。生命教育实际上也是挫折教育。对所有人来讲，有一个结果是无法避免和忽视的，那就是——死亡。让孩子正确认识死亡是家长应该给予孩子的挫折教育。

我生于1978年，是我国第一批独生子女的一员。因父母离异，我从4岁起便与姥姥、母亲一起生活。2011年，姥姥离世。2013年，母亲因癌症离世，那年她62周岁。

母亲离世后很长一段时间，我都处于极度消极的状态。另外，我还遭遇了一些别的变故。当时，我真的有过轻生的念头。幸好，我还有女儿。陪女儿成长是我的责任，她也带给我无限快乐和希望。我在漫长的日子里不断调整心态，最终从那些痛苦中走了出来。母亲用贯穿她一生的对我的爱赋予了我极强的心理资本，由此我才能在遭遇挫折后，主动寻找走出困境的方法。即便面对前所未有的困难，我也坚信自己能够找到解决问题的方法。这是母亲给予我的力量，也是我面对世界的最后一张底牌。很幸运，我可以用童年治愈自己。

我们所有人在父母年老后都要承担巨大的压力，在至亲离世后都要面对巨大的打击。这种挫折是所有人都必须面对的，是所有人都无法逃避的。

我非常认可陈忻博士关于挫折教育的观点，她在书中写道："真正的挫折教育，并不是我们给孩子制造挫折，而是陪伴孩子面对挫折，最终陪着孩子走出挫折。"[①]然而，如果挫折是家人未来的离世呢？这需要我们在日常生活中教会孩子正确认识生老病死的自然规律。也即，我们要为孩子上好生命教育这一课。

一次，在女儿的强烈要求下，我家养了一只加菲猫。女儿亲自给这个"小弟弟"取了名字——嘟嘟。女儿养宠物的初衷是获

---

① 陈忻．养育的选择．中信出版社，2016．

得与宠物相处的快乐，但对我而言，嘟嘟来到我家还有另外一重使命：让它的“姐姐”体验一下自己心爱的“弟弟”离开时会有怎样的心情。我知道，嘟嘟终有一天会离开我们。那时，我将陪着女儿面对嘟嘟的离开，陪着她面对这样的挫折，并帮助她走出挫折。

也就是说，我和女儿都做好了迎接一次挫折教育的准备，只是这次挫折何时到来我们并不清楚。我有足够的耐心等待那一天的到来。在那一天到来之前，我女儿和“弟弟妹妹”（后来我家又养了第二只猫——“雪球”）每一天都过得很开心。女儿应该还不知道，她当下越开心，未来面对那个挫折时会越痛苦。那时我会如陈忻博士建议的那样和女儿一起面对挫折，并帮女儿走出挫折。

从女儿很小时开始，我就经常带她参加我们学校的各种社团活动。女儿与社团中的大学生一起成长，一起蜕变，并建立了超越年龄代沟的友谊。我相信，当我离开女儿的时候，她不会独自面对人生中的这次重大挫折，很多哥哥姐姐会陪着她，正如我曾经陪着她一样。

反溺爱——用抱负引导孩子进步

基于胜利者效应为孩子积累心理资本没有问题，但是若缺乏适当的挫折教育会不会让孩子骄傲、自大呢？另外，这是不是溺爱孩子，会不会把孩子从缺乏自尊、缺乏自信的极端推向自尊膨胀、自信过度的另一个极端呢？我相信，这是很多家长的担忧。我们既希望在鼓励教育模式下培养出自信的孩子，也担心孩子盲目自信以致在长大后干出荒唐的事情。

其实，威廉·詹姆斯在给自尊下定义时已经把预防自尊膨胀的方法告诉了我们。我们回顾一下威廉·詹姆斯给出的自尊公式：自尊=成功÷抱负。取得成功可以提升自尊，打压成功确实可以防止自尊膨胀，但是自尊还与抱负有关：自尊与抱负呈负相关。

在育儿过程中，很多家长过度重视孩子的成功，而忽视同样会影响孩子自尊的抱负。我们再来看一下威廉·詹姆斯的公式：自尊=成功÷抱负。在现实生活中，家长担心分子的数值（成功）过大而导致分数值（自尊）过大时，可能会刻意减小分子的数值（成功）。这样做虽然可以防止孩子自尊膨胀，但是副作用非常大。

家长若故意打压孩子，那么孩子无法在胜利与快乐之间建立因果关系，也无法在胜利与努力之间建立因果关系，由此孩子便无法形成“努力—胜利—快乐”的因果逻辑，甚至可能形成“努力—胜利—不快乐（甚至痛苦）”的因果逻辑。一旦孩子建立了错误的因果逻辑，那么对他们来讲防止不快乐的情绪产生的方法就是不努力或不行动。久而久之，孩子可能会陷入“约拿情结”，[①]甚至产生一种无力感。

关于这一点，心理学家刘嘉教授在自己的著作《心理学通识》中写道：“马斯洛解释道，人其实不仅仅害怕失败，也害怕成功。害怕成功的表面理由多种多样：可能是担心高处不胜寒，成功会引起朋友或亲人的妒忌；可能是担心成功之后，自己暴露在聚光灯下，会经历尴尬；可能是担心爬得越高，跌得越惨；也

① “约拿情结”是美国著名心理学家马斯洛提出的一个心理学名词。简单地说，约拿情结就是对成长的恐惧。它指的是一种在机遇面前逃避、畏缩的心理，是一种情绪状态，可能导致我们不敢去做自己能做得很好的事情。从自我实现的角度来看，这是一种阻碍自我实现的心理障碍。

可能是担心成功只是昙花一现，荣耀转瞬即逝。

“而在这些担心背后，其实是与自尊纠缠在一起的自卑：我们对大多数伟大的人和事物都有一种敬畏感，但是在面对这些人和事时，又会感到不安、焦虑、慌乱、嫉妒甚至一丝敌意，因为他们会让我们有自惭形秽的卑微感。”[①]

那么，如何防止孩子出现自尊膨胀和极度自卑这两种极端情况呢？方法是合理调节抱负。胜利可以增强一个人的自尊，但是当抱负水平随之提升后，自尊便会来到合理的范围内。

举一个例子。某次考试，孩子考了班级第三名。在这里，我们暂且认为取得好名次是一种成功。在成功的鼓舞下，孩子之后考了班级第一名，再之后又考了年级第一名。这时，有的家长认为连续的成功会让孩子骄傲自大，应打压一下孩子，让他知道隔壁老王的儿子虽然只考了隔壁学校年级第十名但人家的分数更高。这样的做法确实有可能降低孩子考取年级第一名的喜悦度，但是这对孩子而言没有任何教育意义。打压胜利只会降低胜利的喜悦，并不会让胜利者知道未来应该做什么，以及什么是正确的。

这时，最好的方法是合理地提高抱负水平。比如，家长可以和孩子说：“我很为你取得这样优秀的成绩而骄傲，这是你每天努力的成果（鼓励）。这样的成绩也许能让你进入全市最

① 刘嘉．心理学通识．广东人民出版社，2020．

好的高中学习，但是这并不意味着你能进入重点班（提高抱负水平）。”如此，当家长合理地提高抱负水平后，孩子会发现已经取得的胜利在更高的抱负面前显得没有那么值得骄傲了。为了实现新的抱负，他必须继续努力。

在孩子成长的过程中，如果家长总是能合理地调节孩子的抱负水平，孩子的自尊就会维持在一个稳定的水平。这样孩子就不会出现自尊膨胀的情况。①

经常被家长口诛笔伐的溺爱，其实本质上就是家长有意无意地降低了孩子的抱负水平。这会使孩子自尊膨胀，产生“老子无所不能”的心理，最终成为不知天高地厚的愣头青。

不溺爱孩子，并不等于要打压孩子。“恩威并施”中的“威”不一定是“威胁”“威信”，也可以是更大的抱负、更大的目标。正向的鼓励、合理的抱负才是孩子不断前进的动力。

当然，我们在育儿过程中也会遇到一些无法合理调节抱负水平的情况。此时，我们如何让孩子保持合理的自尊呢？对于反溺爱，除了提高抱负水平之外，还有其他方法吗？

---

① 在现实生活中，有一些家长会给孩子设定过高的目标，比如 4 岁时掌握 1500 个英文单词，9 岁时学完小学数学全部内容，5 年内考过钢琴 10 级等。这一方面会让孩子因难度过大而消极怠工，另一方面会导致家长心态失衡。也就是说，这会导致自卑的孩子和焦虑不安的家长。

反溺爱——让孩子体验生活的成本

高自尊是一种重要的心理资本，高自尊可以抵消贫穷环境对大脑的负面影响。自尊与成功正相关，与抱负负相关。胜利能带来胜利，胜利者效应可以提升自尊。自尊膨胀时，人会感觉自己是全能的。合理调节抱负水平可以将自尊控制在稳定的状态。所以，根据孩子的现实状况及时、合理地调整抱负水平，是防止孩子自尊过度波动的有效方法，也是防止溺爱孩子的手段。

除了合理调节抱负水平之外，还有其他防止溺爱的方法吗?畅销书作家罗恩·利伯给出的方法是——和孩子谈钱。罗恩·利伯在著作《反溺爱》中写道：不想宠坏孩子，就要好好谈钱。罗恩·利伯的《反溺爱》很有趣，全书的主旨就是钱。罗恩·利伯认为，孩子通过学习管理钱，可以构建正确的价值观，并可以养成耐心、节俭、节制、慷慨、坚毅、独立等优秀品质。其实，从经济学的视角出发，罗恩·利伯著作中的核心观点是，让孩子体验生活（生存）的真实成本。

成本是经济学中最核心的概念之一，也是对经济主体的行为影响最大的因素之一。比如，我们消费时需要花钱，这些钱就是我们购买商品（服务）的成本，也是我们为了获得心仪的商品（服务）所必须承担的代价。人的所有决策和行为，都是有代价（成本）的，这是经济学上亘古不变的真理。育儿过程中很多溺爱相关问题都是家长代替孩子承担成本所造成的。所以，最佳的反溺爱方法，就是罗恩·利伯所提出的——和孩子谈钱。换句话说，就是让孩子承担生活（生存）的成本。

我国历史上最有名的不知道生活成本为何物的可能就是晋惠帝司马衷了。当得知“天下荒乱，百姓饿死”时，他竟然说出了“何不食肉糜”这种令他遗臭万年的话，他也因此被钉在了历史的耻辱柱上。其实，这样的例子在西方也有。卢梭的《忏悔录》中有这样的记录：我想起了一位尊贵的公主的蠢话，有人告诉她农民没有面包吃了，她回答说：“那就让他们吃蛋糕吧！”

其实，我们身边也有这样的人。人们习惯用昏庸、无知、愚蠢来描述这样的人，但问题的根本是：这样的人真的不知道生活成本。

我们经常听人说：养儿方知父母恩。这句话的经济学含义是：亲自承担了养儿的成本后，才知道父母曾经付出的成本。罗恩·利伯在书中建议家长与孩子谈钱，就是为了让孩子尽早了解养育成本。

孩子不了解养育成本是正常的。如果家长主动放弃让孩子了解养育成本的机会，便可能溺爱孩子。罗恩·利伯在《反溺爱》中分析了被宠坏的孩子的四个主要共通点。“它们分别为：很少分担家务或其他责任、没有太多行为与作息规范、父母或其他人给予了他们很多关注与协助、拥有很多个人物品。”①仔细分析一下，我们会发现，导致这一切的根本原因是：父母支付了超过正常水平的成本，或是没有让孩子承担自己应该负担的成本。

孩子做家务时，他们为享受整洁的家庭环境付出了成本。如果孩子不付出任何成本就能享受到整洁的家庭环境，那一定是父母（也可能是其他亲人）代替孩子支付了相关成本，这其实就是溺爱。我们经常看到“家长卖掉耕牛为孩子买手机”之类的新闻，这也是父母出于溺爱代替孩子承担了巨大的成本。

这样的案例非常多。比如，我一位朋友的独生女非常喜欢一家蛋糕店的提拉米苏，有时会要求家长专门去为她购买。朋友虽然认为女儿这样的要求有些不合理，但还是一直满足女儿的要

① ［美］罗恩·利伯．反溺爱．林丽雪，译．中信出版社，2019．

求。当朋友向我咨询如何应对此事时，我给出的建议是：他爱女儿可以理解，为女儿买提拉米苏也没有问题，但是女儿应该为此付出一定的成本，比如和家长一起去购买蛋糕。朋友说，去蛋糕店要花费1个多小时，带着女儿一起去会耽误女儿学习。其实，这恰恰是孩子为吃到心爱的蛋糕所支付的成本。要让孩子自己在这样的事情上做权衡和选择。如果孩子选择支付成本，那么父亲带孩子去买蛋糕的行为就不属于溺爱，反而可能是两代人之间的幸福见证。

朋友按照我的建议带女儿去了一次蛋糕店，结果那以后很长一段时间女儿都没有再提类似要求。这背后的经济学逻辑就是：当一个产品的价格（成本）升高时，这个产品的需求量便会下降。孩子为获得“产品”而支付的成本增加时，孩子对该“产品”的需求量会下降。当然，随着年龄的增长，孩子所承担成本的比例也应随之提高。比如，如果孩子已经成年，想吃心爱的蛋糕时，他需要支付的成本应该是路上花费的时间和蛋糕的价格。

近年来，很多地方的小学课程中加入了劳动教育的内容，一些学校甚至要求小学高年级学生学会做几道家常菜。这样做的目的既是让孩子掌握一些生活技能，也是让孩子亲身体验生活的成本。

随着孩子年龄的增长，让他们掌握更多关于生活成本的知识，是反溺爱的有效手段。剥夺孩子承担生活成本的机会（不论是有意的还是无意的），他们可能会产生美好生活触手可及的错觉，他们的自尊也会随之膨胀。自尊膨胀且无知的人，就会说出“何不食肉糜”之类的蠢话。司马衷已经留在了历史的耻辱柱上，当今的家长一定要警惕，不要让自己的爱变成溺爱，不要让自己的孩子成为下一个司马衷。

第 6 章

如何让孩子主动并高效完成作业

写作业是孩子学习过程中最重要的任务之一，也是孩子达成学习目标的重要手段。家长应理解孩子写作业的意义，避免陷入“瞎忙”陷阱。掌握陪孩子写作业的正确方法，是培养“学霸”的重要方法。

孩子为什么要写作业

近年来，陪孩子写作业成了很多父母的噩梦，“不写作业母慈子孝，一写作业鸡飞狗跳”是很多家庭的真实写照。各种社交平台上流传着无数关于家长陪孩子写作业的段子。比如，“不要彩礼，嫁妆配好，送车送房，包办酒席，礼金全给孩子。唯一的要求是现在把她接走，好好辅导她写作业。谁家的媳妇谁养！”再比如，“我儿子有房有保险会游泳，结婚给房给车给彩礼，过年去哪家都行。唯一的要求就是现在把他接走，好好辅导他写作业。毕竟您女婿若有出息，享福的是您闺女。”无数家长留言评论，留言不外乎“说的就是我”“我家也一样”等。

学校为什么要布置作业呢？畅销书作家王莉在《你只是看上去在陪孩子写作业》中讲道，写作业是“为了检测出课堂学习的漏洞，填补课堂学习的缺失，让学生更全面地掌握知识，形成技能。”[①]具体分析一下这句话，我们可以发现写作业的意义在于以下两点：第一，检查在校学习状况，发现没有掌握的知识点；第二，通过练习加强运用知识点的能力，提高答题水平。

写作业的首要意义是信息传递，老师和学生通过作业质量可以了解学生在校学习情况。教育专家沈祖芸在网络课程“小学生家长必修课”中讲道：老师要通过每天的作业来评估孩子的学习情况。在课堂上，老师只能按照教学进度面向全班几十个学生集中教学。每个孩子的情况都不一样，老师不可能一个个去问“你懂了吗”，由此只能靠作业诊断孩子的学习状况。也就是说，老师需要通过学生作业反馈的信息对自己的教学成果进行及时评估，进而及时调整教学内容和方法。另外，学生也可以通过作业情况了解自己在课堂学习中对相关知识的吸收状况。

写作业的第二层意义是练习。通过练习，孩子一方面可以复习课堂所学的知识点，另一方面可以巩固运用知识点解题的技巧。

从以上两点可以看出，作业是师生交流的渠道之一，写作业是孩子的事情，与家长没有关系。既然写作业是孩子的事情，那

① 王莉. 你只是看上去在陪孩子写作业. 天津人民美术出版社，天津教育出版社，2019.

么孩子在写作业这件事上就应该拥有控制权。然而，事实是怎样的呢？

由于种种原因，当今家长陪伴孩子的时间大大增加。在陪伴的过程中，一些家长会有意无意地对孩子的行为进行控制，这使得陪伴的过程演化成一场争夺控制权的博弈。家长由于拥有身份、知识、资源等方面的优势，在这场博弈的前期处于绝对强势的地位。这让家长误认为孩子应该在自己规划的蓝图下成长。家长这种思维和行动使他们成了畅销书作家艾莉森·高普尼克书中的“木匠”。

在陪孩子写作业的场景中，如果家长真能扮演好“木匠”的角色，结果看似还是不错的。比如，家长可以把自己长期训练得来的解题思路、解题技巧等“手艺”传授给孩子，以让孩子更高效地完成作业。但是，如果家长的传授建立在孩子失去控制权的基础上，那么代价可能是极高的。在家长与孩子的博弈中，如果孩子失去控制权，他们会自然地研究应对父母的对策。

人类在高压管控下采取消极对抗策略的例子比比皆是，历史上许多被剥削者采取这种方式来反抗压迫。比如，先秦时期，奴隶通过破坏工具、怠工甚至逃亡的方式来对抗奴隶主的剥削。耶鲁大学政治学、人类学教授詹姆斯·斯科特将这种行为称为“弱者的武器”。斯科特在《弱者的武器》中讲道，这些武器具体包括偷懒、装糊涂、开小差、假装顺从、偷盗、装傻卖呆、诽谤、纵火、暗中破坏等。[①]我想说的是，人性天生趋利避害，人类天生会想办法对抗强加在自己身上的高压管控。即使在亲子互动中，情况也大致类似。

当孩子在亲子互动中失去控制权时，他们很可能会利用拖延、心不在焉甚至自暴自弃等弱者的武器对强势的父母进行反击。一旦发生这样的情况，家长所有的付出不仅不会有收获，孩子还可能因此养成不良的生活和学习习惯。很多家长在孩子小学高年级或初中阶段因孩子写作业拖拉的问题十分苦恼。如果深入了解这些家长陪孩子写作业的情况，我们会发现家长对孩子写作业这件事的过度干预很可能是孩子写作业时十分拖沓的原因之一。

家长务必要让孩子知道，写作业是孩子自己的事情，孩子对写作业应负完全责任并且拥有绝对控制权，家长只承担辅助作用。那些培养出优秀孩子的家长，往往会在孩子小时候就给予孩子足够的决策权。比如，有“硅谷教母”之称的埃丝特·沃西基[②]在

---

① ［美］詹姆斯·C. 斯科特. 弱者的武器（人文与社会译丛）. 郑广怀，张敏，何江穗，译. 译林出版社，2011.

② 埃丝特·沃西基被尊称为“硅谷教母”，她有3个女儿。长女苏珊·沃西基曾是谷歌第16名员工，被称为“谷歌之母”，2019年被评为全球科技业领导者第8位。次女珍妮·沃西基是加州大学旧金山分校教授，长期在非洲从事人类学和艾滋病研究。小女儿安妮·沃西基创办了估值25亿美元的基因检测公司，2019年被评为全球科技业领导者第10位。

自己的书中这样写道："我始终认为，她们的作业归根结底应该是她们自己的作业。她们在房间里各自都有一张大书桌，我知道她们每天下午都在那儿做作业。她们不需要别人的督促就可以完成作业。那是每天的例行事务。当然，那时还没有手机或平板电脑这样的东西来分散她们的注意力，但她们喜欢做作业，并及时完成学习的任务。没做完作业是她们自己的问题。不过我在她们提出请求的情况下，依然会给予帮助，而且这个过程对我们来说都是很有趣的。涉及项目作业的时候，我没有像其他那些远比我干涉更多的父母一样劳神。我告诉女儿们：'我相信你们，你们能做得足够好，不管你们做成什么样我都喜欢。'如果她们想要我的帮助，我就会同意帮忙，但只有在'她们为主，我为辅'的情况下才行。我拒绝替她们完成任务。"①

"硅谷钢铁侠"埃隆·马斯克的母亲梅耶·马斯克在自传《人生由我》中讲道，她从不为孩子检查作业。她写道："我不会检查他们的家庭作业，因为那是他们的责任。现在我可以非常确定，我做的这些对孩子们的未来发展没有任何损害，并且我、我的兄弟姐妹，还有我的孩子们恰恰都是受益于这一点——从小就学会承担责任。"②

---

① [美] 埃丝特·沃西基. 硅谷超级家长课：教出硅谷三女杰的 TRICK 教养法. 姜帆，译. 机械工业出版社，2020.

② [加] 梅耶·马斯克. 人生由我. 代晓，译. 中信出版社，2020.

可见，不为孩子检查作业并不会对孩子的学业和未来产生不良影响，相反更可能帮孩子培养出高效学习和对自己负责的习惯。就我的个人经验而言，检查作业和收拾书包是我从没有为女儿做过的事情。从女儿上小学到现在，这样的事情我一次也没有做过。

将写作业的控制权还给孩子，既能训练孩子承担责任的能力，又可减少家长精力和体力的付出，还可避免两代人之间由此产生的矛盾。毫无疑问，这是家长最经济的选择。

陪孩子写作业要避开四大陷阱

我在前文对孩子写作业的目的或意义进行了梳理。首先，写作业是孩子的工作。其次，老师和孩子根据作业完成情况可判断在校学习效果。最后，孩子可通过写作业进行解题训练。是否能够很好地实现以上3个目的是评价写作业这件事的质量的标准。

以是否能更好地实现上述3个目的来审视家长陪孩子写作业的状态，我们会发现很多家长其实扮演了“坏人”的角色。一些家长只是在用心良苦地瞎忙甚至破坏，而不是与孩子一起努力。具体来讲，家长陪孩子写作业时，经常陷入以下四个“瞎忙陷阱”。

家长瞎忙陷阱一：“你到底什么时候写作业”

“今天的作业你写完了吗？”往往是家长见到孩子时最爱问的问题之一（很多情况下甚至是唯一）。如果答案是否定的，那么家长接下来问的很可能是：“你打算什么时候写作业？”家长对作业高度重视的心情是可以理解的，但是家长的重视很容易让孩子产生“写作业是家长的事”“写作业应由家长负责”等错觉，进而导致孩子失去对于写作业的控制权。

家长担忧孩子不能按时完成作业的理由很充分：孩子完不成作业会被老师责备，孩子写太久会影响休息……请注意，写作业拖延或没有完成作业的所有后果都应由孩子承担，孩子本身能意识到不能按时完成作业的弊端才能有按时完成作业的动力。

孩子之所以会出现写作业拖延或消极的状况，大概率是因为拖延能让孩子获益。一些家长在孩子按时完成学校作业后会额外布置家庭作业。这时，孩子越快完成学校作业，可以用来写家庭作业的时间就越多。反之，孩子越晚完成学校作业，留给家庭作业的时间就越少。一旦孩子发现了这个规律，便不会尽快完成学校作业，从而极可能养成拖沓的习惯。此外，孩子可能会从家长焦躁的状态中获取快乐，抑或是等待家长睡觉后享受清净的自由时光。总之，每个拖延者心中，都有一个或几个支持他拖延的理由。

不论孩子拖延的原因是什么，家长试图控制孩子写作业的尝试都不会有好的影响。如果亲子之间再陷入控制权的争夺之中，孩子得到的只会是失去权力后的愤怒和无法形成自驱力的遗憾。

家长瞎忙陷阱二："你怎么还是不会"

一些家长在忙碌了一天后，仍会负责地坐在书桌边陪孩子写作业，这是极其令人敬佩的行为。但当孩子做错题时，家长在单位一天的劳累（可能还有委屈）、晚上陪伴的辛苦、恨铁不成钢的期待等有可能化作怨气或怒火。接下来，会发生什么呢？可能是强忍怒火的说教，也可能是声嘶力竭的批评、训斥、怒吼。

我们捋一下这件事。对孩子而言，写作业是一种忍耐，发生错误是一种结果。家长生气是针对以上结果的反应。孩子放弃游戏、玩耍而写作业的行为是忍耐，是投资。家长如果因为孩子写错作业而给予负面反馈，孩子得到的结论可能是"因为我忍耐了，所以我被骂了"。那孩子未来可能会选择的策略是不忍耐——不写作业或不好好写作业，因为不忍耐的后果最多也是挨骂。

所以，家长有时最好不要太过在意孩子作业的质量，而应给予孩子写作业的过程（忍耐的行为）以正面的鼓励。只要孩子能认真写作业，他就值得鼓励。并且，写作业的目的本来就没有“必须写出正确答案”这一项。这样做的目的是，让孩子先养成独立完成作业的习惯，之后再想办法帮孩子提高作业质量。

美国中学老师布里安·普拉策和阿比·弗赖雷克在他们合著的《轻松搞定家庭作业》中这样说道：“我们写这本书就是为了让孩子通过习得技能来提升熟练度，树立信心，而不是让他们产生‘找到正确答案，这样就可以完成作业了’的心态。让孩子有机会掌控应对挑战的过程，这和找到正确答案同样重要，甚至比后者更为重要。”①他们还写道：“请记住，虽然孩子考高分对你来说很重要，但孩子在学习过程中的专注度和努力程度才是他取得成功的关键。你要让孩子知道，和考试分数相比，你更看重的是他努力学习的过程。从长远来看，努力越多，回报越多。”②

家长瞎忙陷阱三：“你累了，休息一下吧”

很多内心充满爱的家长，不催孩子写作业，也不因孩子做错题而骂孩子，但是经常会在孩子学习时打扰孩子，比如，端着

① ［美］阿比·弗赖雷克，［美］布里安·普拉策．轻松搞定家庭作业．杨迎春，译．浙江教育出版社，2022．

② 同①。

精心处理好的水果静静地走到孩子身边说："吃点水果，休息一下吧。"

这是饱含爱的行为，但是没有出现在合适的时间。

孩子写作业的目的之一是训练运用知识点的能力，而训练首先需要训练者有足够的专注，任何影响训练者专注度的人都是在搞破坏。黄扬名博士在《天才赢在注意力》中写道："不要打断孩子做事情，因为孩子要保持专注非常不容易。在对的时间做对的事情：当孩子准备写作业的时候，我们就不该去逗他们；当他们在玩的时候，我们也不要唠叨他们的作业还没有写。我们只要与孩子约定哪些时间写作业、哪些时间休息玩乐就可以了。这样孩子在写作业的时候会比较专心，知道自己只要专注一段时间，就可以放松了。"①

黄扬名博士还在书中写道："有些父母可能会在孩子做事的环境中播放古典音乐，尤其是莫扎特的音乐，我就不推荐。首先，听莫扎特的音乐是否真的会提升孩子的创造力，本身就是一个有争议的话题。确实有研究发现听莫扎特的音乐对孩子有帮助，但也有很多研究认为没有帮助，大家不要轻易上当。其次，孩子年纪还小，很容易被音乐干扰，音乐可能对他们有害无利。所以，建议给孩子营造一个较少出现感官干扰的环境，这类干扰

① 黄扬名. 天才赢在注意力. 中信出版社，2018.

不仅包括视觉、听觉的，强烈的气味也会影响孩子，也需要留意。”①

不要因为爱孩子而在孩子写作业时打搅他们，他们写作业时需要的不是照顾，而是安静的环境。在孩子休息时，给他们送上一杯温水、一个苹果、一块蛋糕等，让他们知道自己并不是一个人在战斗，父母永远是他们学习道路上的同行者，这就足够了。

家长瞎忙陷阱四：“我来给你检查一下作业”

我听说现在很多老师要求家长检查孩子的作业并签字，我并未遇到过这种情况。由此，很多家长便担负起帮助孩子修改作业的工作。修改作业是写作业过程中不可缺少的一环。家长帮助孩子批改作业既可以减轻孩子的负担，也可以对孩子的学习情况有一定了解，并无不妥之处。但是，家长不能因此陷入因孩子做错作业而责备孩子的瞎忙陷阱。

我想提醒的一点是，家长可以批作业，但请不要改作业。对老师来说，通过作业的情况，可以了解孩子的在校学习情况。或者说，孩子的错题对老师来讲是最好的反馈。如果所有学生都做出了完美的作业，那么作业对老师而言就没有任何意义了，老师

① 黄扬名．天才赢在注意力．中信出版社，2018．

检查作业便不会有任何收获。

家长如果发现孩子作业中出现错误，一定不要帮孩子修改好后再上交老师，应该让孩子将自己真实的作业交给老师，以便老师获得真实的反馈信息。所以，家长为孩子检查并修改作业并不是在帮助孩子，而是瞎忙，更是对老师教学工作的干扰。

家长停止瞎忙，能让孩子受益，能解放家长，还能帮到老师，何乐而不为!

“陪孩子”写作业，不等于“陪写作业”

我在前文探讨了写作业的目的和家长陪孩子写作业时常会遭遇的瞎忙陷阱，那么家长是否应该陪孩子写作业呢？我认为，在时间允许的情况下，家长陪孩子写作业是没有问题的，或者说是有很多好处的。

如果陪孩子写作业没有让孩子受益，也即家长花费了巨大的时间成本却做了一件没有收益的事情，那这明显是不符合经济规律的。

已经有足够多的书籍介绍陪伴孩子写作业的技巧。不同书籍给出的方法虽有差异，但原理基本相通。我借鉴多方观点，结合自身经验，给广大家长三点参考建议。

第一，“陪孩子”写作业，而不是“陪写作业”

家长应做的是陪伴孩子，写作业则是孩子自己的事情。孩子若还没有养成良好的学习习惯，家长可利用陪伴的机会帮助孩子尽快养成良好的学习习惯。如果希望帮助孩子养成良好的学习习惯，应该从孩子上学开始陪孩子写作业。到孩子小学高年级甚至初中阶段才开始陪孩子写作业，极可能遭到孩子的抵制，陪伴的效果很差。

如何陪孩子写作业呢？家长安静地坐在孩子身边即可。即使孩子迟迟进入不了专注的状态，家长也不要打扰，要让孩子自己学习控制注意力的方法。家长不要担心孩子自制力不足，当家长在身边时，没有多少孩子能够真正无视家长的存在一直玩下去。

孩子写作业期间，家长不需要提供倒水、送水果等服务。现如今，小学生特别是小学低年级学生的作业很少，完成每一科作业只需要10分钟左右。其实，这样的作业安排是非常科学的。黄扬名博士在《天才赢在注意力》中写道：“有一种观点认为孩子能够保持专注的时间大概是年龄加上2。例如，一个5岁的孩子，能够保持专注的时间就是7分钟（5+2）。不过，这只是一个一般原则，应根据孩子的个体差异，以及任务的性质进行调整。”[①]按照这

① 黄扬名．天才赢在注意力．中信出版社，2018．

样的规律，小学生能够保持专注的时间大约为10分钟，这刚好与上述完成单科作业所需时间相同。

家长需要做的是尽量辅助孩子在这10分钟左右之内保持绝对专注，尽量排除可能干扰孩子的因素。有时候家长会成为最大的干扰因素，所以家长需要足够自律。家长一定不要小看孩子低年级时专注度的训练。若孩子每完成一科作业耽误3～5分钟，写作业总时长看上去虽然只增加10分钟左右，但是按照比例计算的话，孩子写作业的效率相比老师的要求低了50%左右。

第二，鼓励孩子写作业的行为，接受孩子写作业的结果

从经济学的角度看，孩子写作业是典型的投资行为：孩子忍耐（写作业）的行为会在未来带来一定收益，如更好的考试成绩、更好的工作机会等。若孩子没有足够的经验，想象不到未来的收益，那么写作业对孩子而言大概率是痛苦的。这时，家长应通过及时的鼓励来中和孩子的痛苦，以让孩子有更多耐心去持续地忍耐并等待未来的收获。

孩子在写作业时做错题，只表明他还没有绝对掌握相关知识，并不代表投资的失败。相反，及时解决相关问题恰恰是孩子

未来可能获得更多收益的手段，纠错是写作业的目的之一。

另外，如果孩子认为写作业的目的是做对全部题目，那么他会在写作业时花费超出正常水平的时间，这不利于他在考试时合理安排时间。同时，追求完美作业的心理压力也可能转化成“如果不能把事情做好，那就不如不做”“如果这次我做得很好，那么以后每一次我都能做得很好”“我必须做到完美”等拖延者信条，最终把孩子变成一个写作业拖延者。①

家长在给予孩子努力行为及时的鼓励后，要平静接受孩子出错的结果，且没有必要为孩子排查甚至纠正错误。

家长在孩子做错题时可以鼓励孩子及时与老师沟通，让孩子养成发现问题及时向老师求助的习惯。一般来讲，老师对于学生发现错误、主动解决问题的行为是极其支持的，一定会帮助孩子解决知识点掌握和运用方面的问题。一次，我去学校参加家长会时，一位任课老师在会上说：“家长对孩子期望很高，希望孩子学习更深的知识，可以选择在校外上课。如果孩子没有掌握课内的知识，我认为不用报补习班，有问题找老师就可以。”个人认为，这位老师的观点很诚恳、很务实。

---

① [美] 简·博克，[美] 莱诺拉·袁．拖延心理学．蒋永强，陆正芳，译．浙江教育出版社，2021．

第三，给予孩子足够的自由时间

当下小学生的作业呈减少趋势，绝大多数小学生在30分钟内便可以完成当天的作业。所以，有些家长在学校作业之外会给孩子安排规模可观的家庭作业，比如数学计算题、语文阅读等。当前火爆的教辅书出版市场在这方面更是为家长提供了极其便利的条件。

家长希望以此巩固孩子相关学习成果的愿望是可以理解的，但是家长更需要把孩子当作正常人来看待。趋利避害是每一个正常人的本能，如果孩子高效完成作业后能得到相应收益（比如休息、娱乐等），那高效完成作业便会成为孩子的理性选择。反之，如果孩子完成学校作业后还要继续完成家庭作业，那通过拖延战术完成学校作业来挤压完成家庭作业的时间就会成为孩子的理性选择。

美国心理学家简·博克和莱诺拉·袁的著作《拖延心理学》中讲了这样一个案例："我（拖延者）以前常常匆匆忙忙地做完家庭作业，好早点出去玩。但在出去之前，爸爸会检查一遍作业。他总是会找出一些我做得不对的地方，让我不得不重做一遍；或者他会另外给我布置一些作业。后来，我终于意识到，我作业做得多快多好都没用，他只是想让我忙起来，这样我就没有时间出去玩了，除非他允许。从此之后，我就不想快点做完作业了，只是坐在那里胡思乱想消磨时间。”①

可见，若孩子无法因完成作业而获得自由和快乐时，高效完成作业就不再是孩子的理性选择，拖延并利用拖延的时间获得短暂的快乐反而会成为孩子的选择。如此，一旦孩子无法足够专注地写作业，写作业的训练效果将大打折扣，孩子也非常容易养成做事拖延的习惯。所以，应将一定的休闲时间当作孩子高效完成作业的奖品奖励给孩子，以让孩子有更大的动力专注地完成作业。

给孩子安静的陪伴、及时的鼓励和充足的休闲时光，才是有效的陪伴。基于家长的有效陪伴，孩子在学习（忍耐）过程中才不会感受到太多痛苦，才能体会到更多快乐。这也是培养孩子良好学习习惯最有效和最经济的方法。

---

① ［美］简·博克，［美］莱诺拉·袁．拖延心理学．蒋永强，陆正芳，译．浙江教育出版社，2021．

如何更“高级”地陪孩子写作业

如果家长能合理地应对孩子写作业这件事，那么孩子更可能养成良好的学习习惯。若家长确实有足够的时间和精力，在做好前述三件事的基础上，还可以为孩子提供技术含量更高的陪伴。

第一，为孩子和老师提供更多信息

写作业的信息发现功能对老师和学生而言非常重要，但经常被家长忽视。如果能够做到全程安静陪伴孩子完成作业，那么家长可得到孩子更多与作业相关的信息。家长可以将这些信息反馈给老师，这对孩子和老师而言都非常有帮助。比如，家长可以在孩子的作业本上留言：“本次作业完成时间为15分钟，家长在此过程中未提供帮助。”

对学生完成作业的相关情况越了解，老师对学生的在校学习情况和课堂教学效果就越了解，这可为老师及时调整教学内容和方式提供参考。有经验的老师会根据相关信息迅速找到学生学习中的问题，并在学校帮助学生解决问题。当在学校获得老师更多的关注与指导时，孩子的自信心和荣誉感会随之提升，这非常有助于孩子在学习过程中提高对自己的要求。

很多家长希望自己的孩子在学校能够获得老师更多的关注。若家长可以协助老师更好地完成教学任务，那么老师一定会对家长心存感激，一定会给予孩子更多的关注和照顾。为老师提供孩子学习上的相关信息是协助老师教学的最佳方法。如果家长都能为老师提供足够多的关于孩子写作业的真实信息，那么老师便可以及时调整教学计划，也更可能为不同层次的学生提供个性化的教学内容。如此，教学质量将得到质的提升。

而且，当家长将孩子按时完成作业的相关信息如实汇报给老师时，孩子便会意识到自己按时完成作业的情况会成为老师评定自己作业质量的指标之一。那么，写作业的问题便不再仅仅是家长与孩子的问题，也是学生与老师的问题。由此，家长更容易借助老师的权威对孩子提出要求，学校教学资源将获得更充分的利用，家长与孩子发生矛盾的可能性也会随之减少。

如果孩子强烈反对家长向老师汇报自己写作业的相关信息，家长可以自行在家记录孩子写作业的相关信息，并引导孩子对自己写作业的情况进行分析。这样，孩子每天都会和前一天的自己竞赛，这有助于孩子提高写作业的效率和作业的质量。

第二，“陪孩子”战胜困难，而不是“替孩子”战胜困难

孩子在学习、写作业过程中遇到困难是必然的，家长可以做孩子的支持者，但不能直接下场替孩子解决困难。威廉·斯蒂克斯鲁德和奈德·约翰逊在《自驱型成长：如何科学有效地培养孩子的自律》中给家长的建议是：“妈妈不再一个劲儿地问：‘你今晚还有家庭作业要做吗？’而是开始说：‘今晚你有什么要我帮忙的吗？我想了解一下，以便安排我晚上的时间。’”[①]家长朋友，你看出这两种表达方式的不同了吗？

畅销书《轻松搞定家庭作业》的建议是：“家长不是教师（除非他们本身就是教师）。作为家长，你不需要具备专业的知识。你不需要解释为什么混合运算要先做乘除，后做加减；你也不需要知道词语的含义，不用解释导致罗马灭亡的历史事件。自

① ［美］威廉·斯蒂克斯鲁德，［美］奈德·约翰逊．自驱型成长：如何科学有效地培养孩子的自律．叶壮，译．机械工业出版社，2020．

始至终，你都不应该帮孩子在本子上写作业，也不应该帮他们在计算机上做作业。

“父母能做的和应该做的，就是帮助孩子养成良好的做家庭作业的习惯。虽然你可能不了解各种课程，但你会在处理生活琐事时确定优先级并给任务排序，在面对有挑战性的任务时，能够放慢速度，能把复杂的工作分解成更加容易管理的单元。没有人天生具有执行能力，也没有人天生就能处理好任务的优先级、应对挫折。”①

畅销书《刻意练习：如何从新手到大师》给的建议更具参考性。作者认为，简单重复的训练并不能让新手变为大师，只有有目的的刻意练习才是成为大师的方法。作者还强调，在刻意练习中，导师给予练习者及时、专业的反馈可以大大提高训练的效果。②

当孩子在学习中遇到困难时，家长可以帮孩子寻找合适的导师对他进行指导。对孩子而言，最合适的导师就是孩子的任课老师。家长可以帮助孩子整理他在各科学习中遇到的困难，并主动与任课老师进行交流，寻求专业指导。需要注意的是，家长一

---

① [美]阿比·弗赖雷克，[美]布里安·普拉策．轻松搞定家庭作业．杨迎春，译．浙江教育出版社，2022．

② [美]安德斯·艾利克森，[美]罗伯特·普尔．刻意练习：如何从新手到大师．王正林，译．机械工业出版社，2016．

般不要直接请任课老师指出孩子的问题，最好先整理好孩子的问题，再请任课老师给予指导。任课老师在了解孩子存在的问题方面，并不比家长更有优势，任课老师的长处在于对相应学科知识的精细了解和掌握。

家长还可以利用优质的教辅材料帮助孩子构建和完善各学科的知识架构与解题思路。有些教辅书有详细的关于解题思路的讲解，可为孩子掌握解题方法提供很好的参考。不过，家长在大量的教辅书中找到适合自己孩子的教辅书并不容易，寻求任课老师的建议能降低搜寻成本。

《刻意练习：如何从新手到大师》的作者在书中写道：“不管什么障碍，越过它的最好办法是从不同方向去想办法，这也是这种方法（刻意练习）需要导师或教练的一个原因。有些人已经熟悉了你可能遇到的障碍，于是，可以为你提供克服障碍的方法。”①

家长不可能在每个学科的学习上都为孩子提供切实可行的帮助，但是在沟通能力、人际交往、信息搜索等方面比孩子更有优势，从而更可能为孩子找到合适的导师或书籍。帮孩子找到更多的“后援”，为孩子找到更高级的“武器”，成为孩子学习路上

---

① ［美］安德斯·艾利克森，［美］罗伯特·普尔. 刻意练习：如何从新手到大师. 王正林，译. 机械工业出版社，2016.

最值得信赖的“军师”而不是直接下场解决问题的“排雷手”，是家长最应该做的。

第三，做好自己的事情，成为孩子的榜样

《自驱型成长：如何科学有效地培养孩子的自律》的作者在书中讲道，导致“家庭作业之战”的原因之一是家长给孩子设定了过高的要求：“你可能会发现，在孩子的学习这件事上，你甚至在逼着孩子执行一些连你自己都未必认同的规则与态度。”①

如果家长要求孩子每天晚上都认真地写作业，那么不妨也按照相同的原则来要求自己。我一位朋友的孩子患有阅读障碍症。孩子上高中的三年里，朋友每天晚上与孩子一起在书房学习，最终顺利通过了高级会计师和证券从业人员资格考试。孩子也克服重重困难考上了理想的大学。我这位朋友的教育方法可以归结为两个字——身教。如果家长能够做出让子女敬佩并愿意模仿的事情，那么家长未来收获的绝不仅仅是孩子优异的成绩，更可能是拥有强大自驱力的孩子。

英国著名作家塞缪尔·斯迈尔斯在《自己拯救自己》中写

---

① ［美］威廉·斯蒂克斯鲁德，［美］奈德·约翰逊．自驱型成长：如何科学有效地培养孩子的自律．叶壮，译．机械工业出版社，2020．

道：榜样是最好的老师，虽然它不会说话，但它是人类实践的标杆；行动往往比语言更有力量；好的建议有它的作用，但是如果没有好的榜样，它的作用会大大降低。

成为合格的家长并不容易，成为优秀的家长则更加困难。若家长在教育孩子的过程中能不断提高、完善自我，那么育儿的过程便是亲子两代人共同进步的过程。

第 7 章

如何让孩子合理使用电子产品

电子游戏和短视频是科技进步的产物，它们可带给我们低成本、高密度的快乐。但是，这种廉价的快乐很容易妨碍孩子对自己的教育投资，让他们沉浸在即时快乐中无法自拔。如何让孩子合理使用电子产品，如何让孩子把电子游戏和短视频当作获得短暂快乐或信息的工具，而不是被它们绑架，是信息时代每个家庭都需要攻克的难题。

电子游戏真的是“电子毒品”吗

电子产品（本文指手机、平板电脑、电脑等电子设备）和电子游戏是科技进步的产物，已经成为我们生活的一部分。

科技革命带来的各种新产品对人类社会的影响在近200余年历史中最为明显，相关争论从未停止。比如，汽车替代马车、电话替代书信等都曾在社会上引发激烈的讨论。本文首先从科技革命的角度探讨电子游戏的出现对人类社会的影响，再讨论其对青少年的影响。

电子产品是科技进步的重要产物。因为有了电子产品，人类得以基于零成本获取海量信息，电子产品在降低人类获取信息的成本方面的贡献是革命性的。从这个角度看，电子产品与蒸汽机、汽车、电报等曾经的伟大发明一样，都是人类智慧的结晶。

设想一下，如果没有手机、电脑、互联网等，身处不同地方的人便不可能快速地进行几乎无障碍的沟通，人们也不可能实现跨地域的紧密合作，产业链的全球化分工也不可能实现。

电子游戏的出现让人类第一次得到了成本几乎为零而给人带来的愉悦感却十分强烈的娱乐活动。从性价比的角度分析，在人类当下所有的娱乐项目中，电子游戏可谓独树一帜、鲜有对手。从个人经历来看，我也是手机游戏玩家，而且若干年前手游还在我的生活中扮演过很重要的角色。

我是独生子。从2009年到2013年的4年间，我的姥姥、母亲相继离世。母亲去世那一年，我35岁，我女儿5岁。之后很长一段时间，我都沉浸在极度低落的情绪之中，又因为工作、生活上的一些琐事，我出现了自我否定和自我攻击的情况。一个做医生的朋友告诉我，我的这些状况十分符合典型的抑郁症症状，如果这种情况继续发展，我必须接受正规的治疗。

与此同时，由于女儿上学后每天下午放学的时间刚好与我早已习惯的打球时间一样，我便没有了利用运动调节心理和身体的机会。那时，每天待女儿睡觉后，我都会玩一会儿电子游戏。很快，我惊讶地发现，玩游戏这段时间成为我每天最放松的一段时间。另外，我在那段时间阅读了大量心理学方面的书籍，对抑郁症有了一些了解，也找到了跳出“自我否定陷阱”的方法。就这样，虽然工作、生活方面的状况并没有改善，但我在电子游戏和大量专业心理学知识的帮助下最终与抑郁症擦肩而过。

著名游戏心理学家布莱恩·萨顿-史密斯认为，游戏的反义词不是工作，而是抑郁。心理学家发现，大多数人在玩游戏的时候比平时有更强的自信、更强的体力、更强的好奇心和更强的探索欲，这些在刺激人的正面情绪方面能起到明显的正向作用。从脑科学的角度来看，电子游戏会让玩家的多巴胺水平达到峰值并引发心流。从个人经验看，在我的情绪低落期，电子游戏确实帮助我度过了很多难眠的夜晚，在帮我躲过抑郁症方面起到了积极作用。

利用电子游戏可激发大脑奖励机制的特点，一些科学家已经将电子游戏用于改善老年人认知能力下降的问题。比如，有科学家专门为老年人设计了一款有一些复杂任务的开车游戏，以刺激老年人的大脑，让老年人的大脑功能一直保持活跃状态。科学家发现，玩了电子游戏后，由于大脑前额叶皮层受到了刺激，老年人的多任务处理能力、记忆力、专注力等均有明显改善。可见，电子游戏在减缓老年人认知能力下降、预防老年痴呆等方面有积极作用。

所以，将电子游戏视为电子毒品的观点过于极端，这种观点并没有关注电子游戏对人类的积极作用。我的经历也证明，人在情绪低落时玩电子游戏确实可以抚慰内心。既然如此，人们为何严格限制青少年使用电子产品、玩电子游戏呢？另外，电子游戏对青少年又有什么特别的影响呢？且看下文。

为什么要让孩子远离电子游戏

电子游戏作为一种伴随信息革命而出现的新娱乐项目，能带给玩家巨大的快乐。具体分析，电子游戏吸引玩家的原因主要有以下三个。

原因一：难度适合，略带挑战性

单人电子游戏总是从易到难，多人电子游戏则是根据玩家水平匹配适合的对手。电子游戏玩家既不会因为游戏太难或对手太强而被劝退，也不会因为游戏太简单而感到无聊。电子游戏永远能给玩家“努力就能赢”的挑战感，从而可激发玩家内心的求胜欲，让玩家一直玩下去。

原因二：即时反馈，超额反馈

玩家在电子游戏中取得的每一次成功都会得到即刻反馈。玩家每击败一个对手或通过一关时，游戏程序都会马上以声音、画面、分数、等级等方式给予玩家反馈，对玩家在游戏中的表现予以鼓励。电子游戏的即时反馈、超额反馈机制，可以让玩家获得高密度的快乐刺激，可以最大限度增加玩家的愉悦感，从而让玩家不停地玩下去。

原因三：强烈的社交属性

电子游戏还具有强烈的社交属性。游戏圈排名、好友组队、边玩边聊等功能让电子游戏具备了相当丰富的社交属性。玩家社交的需求在游戏中可以得到满足。

基于以上三点，电子游戏设计者完美地迎合了人类最基本的心理需求，电子游戏风靡全球也就成了必然。可是，为什么很多人都不建议孩子过早接触电子游戏呢？因为它们太便宜，所以太“贵”了。

一直以来人类获得快乐都需要付出成本（代价），享受美食要花钱，看比赛、听演唱会要买门票……但是绝大多数电子游戏是免费的。电子游戏可以说是人类历史上首次出现的成本低、质量高的娱乐产品。根据经济学中的消费者需求原理，产品需求与价格呈负相关（价格越低，需求量越大），所以对于几乎免费且好玩的电子游戏而言，它的需求量是巨大的。

然而，玩电子游戏可能不需要花钱，却要花时间！成年人可以通过电子游戏消磨时间或寻求暂时的快乐，从这个角度看，电子游戏可谓世界上最好的娱乐产品。可是，孩子是没有时间可以用来消磨的，青少年时期是一个人用来学习生存技能最重要的窗口期。人类进入文明社会之前，孩子在生活中跟随家长学习生存技能。随着科技的不断发展和生产力的不断提高，人类可以给予孩子更多的学习时间，孩子也需要花费更多的时间通过各种方式学习爆发式增长的各种知识。所以，对孩子而言，时间是最宝贵的。由此，青少年玩电子游戏也许不需要花钱，但是花费时间所带来的机会成本非常大。①

当孩子把过多的时间花费在玩电子游戏上时，他们便没有足够的时间用于读书、运动、学习、休息等，而这些事情对孩子而言十分重要。也就是说，与成年人相比，青少年玩电子游戏的机会成本更高。错过了青少年时代的黄金学习期，孩子以后再不会

---

① 机会成本指利用一定资源（包括时间）获得某种收入时所放弃的利用该资源可获得的其他收入。举例来说，玩游戏的机会成本就是利用打游戏的这段时间做其他事情（比如读书、运动、学习等）可能获得的收益。

有在低压力情况下提升自己生存技能的机会，宝贵的青少年时代真的是“一旦错过就不再”。

并且，电子游戏完美贴合了人类的基本需求，孩子可以毫不费力地通过它们获得快乐。孩子习惯这种低门槛的快乐模式后，便难以启动高门槛的娱乐项目。比如，读书、运动等也能带给参与者快乐，但是这些活动的参与门槛和成本都远高于电子游戏。从经济学的角度来看，读书、运动等在电子游戏面前毫无竞争优势，电子游戏很可能成为孩子“一旦拥有别无所求”的娱乐活动。

所以，当孩子还未体验到高级娱乐项目带来的快乐时，最好不要让他们接触如此具有“竞争优势”的娱乐项目。当孩子可以通过阅读、运动等获得快乐时，电子游戏作为辅助娱乐活动，为孩子提供即时的、短暂的、低成本的快乐是没有问题的。作家贾行家认为：我希望这是一个常识，网瘾少年的病根并不在网络和游戏，而在于失败的家庭教育和代际关系。这个观点阐述的是，如果家长没有让孩子接触到更多的娱乐项目，或者家庭没有让孩子感受到与家人在一起时的快乐，那么孩子便会自然而然地利用电子游戏寻求刺激和快乐。

现在，有些家长在孩子吵闹时会让孩子玩平板电脑或手机，这确实是一种能让孩子快速安静下来的方法，但有着极大的隐患。电子游戏相对其他娱乐方式具有强烈的“挤出效应”，电子游戏提供的快乐会让孩子更难选择其他娱乐项目。更可怕的是，一些孩子会用电子游戏替代学习（投资），这是无数家长痛恨电子游戏的根本原因。电子游戏不是毒品，但它是一种具有上瘾性和排他性的娱乐产品。它就像可乐一样，既能带给我们愉悦，也会带来一系列负面问题。

总而言之，电子游戏是科技进步的结果，任何人都无法阻止电子游戏的出现和发展，但是家长有选择的权利。何时以何种方式让孩子接触电子游戏是家长可以决定的。家长的选择，才是孩子的起跑线。真正会输在起跑线上的，不是孩子，而是家长。

网络短视频是如何吞噬孩子的时间和心智的

我在前文谈论了电子游戏对社会和孩子的影响。电子游戏所提供的高质量娱乐模式对全社会而言可以说是一种福利，但是电子游戏若挤占了青少年读书、运动、学习的时间，那么它一定会严重危害青少年的学习和生活，对他们产生极为不利的影响。

当下，家长面对电子游戏时如临大敌，将电子游戏视为洪水猛兽。由此，很多电子游戏商家纷纷推出了青少年保护模式，限定青少年每周玩游戏的时间，电子游戏对青少年群体的负面影响随之降低。

与此同时，青少年成长道路上的另一只拦路虎——短视频已经出现，并且它还没有得到家长足够的关注和重视。作为移动互联网时代的新兴事物，短视频已经成了正在颠覆娱乐产业的新力量，一场变革正在悄然发生。

在电子游戏行业，许多业内人士在多年前已经将竞争对手从同类游戏产品变为短视频，他们认为：从目前的发展趋势看，短视频是电子游戏无法战胜的对手。他们的理由很简单，电子游戏虽然门槛低但仍需要玩家进行操作和思考，在这个过程中玩家需要支付各种成本。而看短视频时，人们连操作和思考的努力都省去了。毫无疑问，从使用的方便度而言，与电子游戏相比，短视频是使用门槛更低的产品！所以，短视频对电子游戏而言具有降维打击式优势，这正如当年电子游戏降维打击其他娱乐模式一样。

我在前文提到，电子游戏可满足人类的基本需求，因而获得玩家的青睐。短视频同样具有满足人类基本需求的功能，甚至可以说短视频具有满足人类更底层需求的功能。《如何写出短视频爆款文案》的作者写道：我们考察了上千条爆款短视频，发现两个关键因素——猎奇感和价值感！那些运营短视频账号的人像优秀的猎犬一样，不断嗅探哪里有有趣、好玩、奇特的内容。[①]

网络短视频可给观众提供独特的内容和观看体验，更多更普通的短视频博主制作了无数能够满足人们猎奇心的短视频。网络短视频草根化和去中心化的特点让更多普通人参与到短视频的

① 雨涛. 如何写出短视频爆款文案. 民主与建设出版社，2022.

制作之中。在激烈的流量竞争中，一些短视频博主为了博取观众的眼球选择了“以丑为美”“以丑惊人”的拙劣方式，这是有问题的。

一些“演不惊人死不休”的短视频博主想尽办法博取关注，他们穿着奇装异服，吃着不可思议的食物，说着偏激的观点，只为给观众叹为观止的观看体验。当观众嘲笑、鄙视、迷恋短视频博主的反常行为时，观众的审美水平也在不知不觉中被拉低。观众“嘲笑”短视频博主“出丑”，短视频博主默默赚取流量后“数钱”。如此，观众与这些短视频博主之间形成了“良性”的买卖关系——各取所需、一同“堕落”。

更可怕的是，一旦观众被某个哗众取宠的短视频吸引一次，短视频App背后超强的大数据算法会将大量类似的视频推向观众。大数据算法还会通过观众的行为不断了解他们的偏好，以便更精准地为观众提供视频推送服务。[①]那些短视频App就像一个泥潭，观众一旦走进去很难抽身，而且观众在这个泥潭中的每个动作都会让自己越陷越深、无法自拔。

有些观众可能会说，我有很强的审美能力，我只看那些真正

---

① 观众观看短视频的各种情况都会被系统记录下来。这些情况隐藏着观众真实的偏好，之后系统会基于此为观众推送个性化的视频内容。经济学上将这一现象称为“信息茧房”，困在信息茧房中的观众会被片面的信息所绑架而变得固执和偏执。

“美”的视频。这样，我们是不是就不会陷入审丑的泥潭，并且会在“美”的密集轰炸中不断提升自己呢？答案是：不能。因为短视频App会让观众陷入第二个泥潭——高回报陷阱。

我不知道大家是否意识到了这一点，对于当前很多耳熟能详的流行歌曲，我们只听过副歌部分，而对歌曲的前奏、主歌极其陌生。这是为什么呢？我们在短视频时代养成了新的行为习惯——不耐烦。短视频最大的特色就是短，为了在最短的时间内赢得观众的喜爱，短视频必须在几秒内吸引住观众的眼球。为了达到这样的效果，很多短视频会直接使用歌曲的副歌当配乐，这便导致观众只听过很多歌曲的副歌而没听过主歌。

观众没听过某首歌曲的主歌对生活并没有实质影响，但是短视频在极短时间里满足观众需求的特点会逐渐让观众失去耐心，养成越来越不耐烦的习惯。慢慢地，一个哪怕只有5秒铺垫的视频都有可能被观众淘汰，所以短视频博主会想方设法在更短的时间内给予观众最美、最吸引人的内容。

我在前文说过，投资是放弃即时消费，通过忍耐，获得更多收益的行为。短视频可让观众极大地缩短忍耐的时间，并在最短的时间内获得最大的收益。由此，看短视频相比看电视剧、看电影、看演唱会等是投资收益更高的娱乐方式。“开场即高潮”“高潮接着高潮”是观众看短视频时的观看体验，这也是为什么有的人能连续看几小时短视频的根本原因。

持续接受短视频的高回报率，会让观众的耐心逐渐消失。最为明显的例子是，越来越多的年轻人喜欢通过倍速模式观看长视频。其根本原因就是，当下很多年轻人已经不能忍耐长视频，他们需要用更短的时间吸收长视频的内容，提高投资回报率。

如果养成这样的行为习惯，青少年如何忍耐枯燥的、投资回报周期很长的学习投资呢？短视频不仅挤占了青少年学习和运动的时间，更让青少年越来越不耐烦、越来越没有耐心。而教育投资的核心恰恰是通过等待、忍耐等，在未来获得更多收益。与艰苦的学习投资相比，观看短视频的投资回报率要高很多，所以很多青少年更愿意沉浸在短视频里享受持续的快乐，而不愿回到真实的教育世界去忍耐长期的等待。

短视频真的就是教育投资的敌人吗？不一定！至少对一部分人来说不是！

网络短视频也可以帮助孩子学习

正如前文所讲，网络短视频既可能让观众陷入审丑的泥潭无法自拔，也可能让观众失去耐心。在教育层面，短视频更是可能成为教育的敌人。但是，所有技术进步都是利弊相伴的，短视频也可以帮助我们学习各种知识。

2004年，还在基金公司担任分析师的美国人萨尔曼·可汗在工作之余利用雅虎电子画画笔记本远程辅导住在新奥尔良市的表妹学习数学。曾经的学霸（萨尔曼·可汗毕业于麻省理工学院）当家庭老师的消息逐步传开，希望得到他帮助的人越来越多，他便将自己的教学视频发布到了视频网站上。

很快，可汗的教学视频得到世界各国学生的青睐，微软公司联合创始人比尔·盖茨也成了可汗的粉丝。比尔·盖茨对可汗的评价是："他是一个先锋，他借助技术手段，帮助大众获取知识、认清自己的位置，这简直引领了一场革命！"在比尔·盖茨等人的资助下，可汗成立了非营利教育组织——可汗学院。可汗学院的出现引领了教育界的一场革命，更多的教育者、教育机构进入教育视频制作、传播领域，一场席卷世界的MOOC（慕课）革命随之展开。[①]

MOOC的出现让世界上所有的人都有了以低成本接受高质量教育的机会，而且授课的有可能是相关领域世界顶级大师。这样的教育模式在人类历史上还是第一次出现，这得益于互联网和视频传输技术的发展。

随着相关技术的发展，MOOC随后也发生了很多形式上的改变。短视频课程（比如5~10分钟的课程）、音频课程、网络直播课程等的出现使得网络学习越来越被人们接受。

我就是MOOC的受益者。虽然我长期在大学里教授经济学课程，但是因为缺乏大师的指点我自学的很多专业内容并没有形成完善的知识体系。2017年，经济学家薛兆丰教授在得到App上开

---

① MOOC 中第一个字母"M"代表 Massive（大规模），第二个字母"O"代表 Open（开放），第三个字母"O"代表 Online（在线），第四个字母"C"代表 Course（课程）。与传统课程一般只有几十个或几百个学生不同，一门慕课可能有上万人同时观看。学生可以在家里听世界上最优秀的学者讲课，不受时间、空间限制，而且很多课程还完全免费。

设了课程“薛兆丰的经济学课”。我学习了这个课程。通过这个课程，我碎片化的各种知识得到了梳理。可以说，薛兆丰教授是我未曾谋面但对我影响极大的老师之一。

基于MOOC，我有了跟随顶级学者学习心理学、哲学、历史学、文学、法律学等的机会。刘擎教授的哲学课、武志红老师的心理课、戴建业教授的古典文学课、罗翔老师的法律课等让我在付出极低成本的前提下，开阔了视野，提高了思维境界。可以说，如果没有基于MOOC的广泛学习，我仅凭个人之力根本无法构建相关学科完善的知识框架，也无法在育儿过程中融会贯通地使用经济学、心理学等知识，更不可能完成这本书的写作。

此外，我还通过短视频学习了滑雪、网球、游泳、滑板等。那些专业运动员的教学视频让我找到了自己存在的问题，并掌握了解决问题的方法和系统性的训练方式。我女儿也是网络视频App的使用者，她在遇到问题时会主动去寻找相关视频进行学习。她在视频网站上关注了多位分享英语、数学、物理、化学等学科学习方法的视频博主，这些视频博主分享的内容对她很有帮助。

网络短视频的出现既为我们提供了最具性价比的娱乐产品，也为我们提供了最具性价比的学习方式。这样一来，网络短视频的观众大致可分为消费者和学习者两个群体。虽然学习者也十分享受网络视频带来的娱乐，但是网络视频的消费者很容易沉迷于视频特别是短视频提供的即时快乐之中。可以这样说，网络视频让优秀的人更加优秀，让普通人更加普通。

那么，孩子是以什么样的身份看短视频的，我们该如何判断呢？以下两个方法可以帮助家长进行判断。

一、观察孩子所看视频的长度

一般而言，能够达到教学效果的视频不会太短。即便只是讲清楚一个简单的问题，至少也需要3～5分钟。那些30秒至1分钟的超短视频根本没有充足的时间提供给观众有质量的信息，大多只能提供一些视听刺激。所以，如果孩子长时间看超短视频，那么他一定只是一个视频消费者。

二、观察孩子看完视频后的行动

如果孩子只是一个短视频消费者，他看完视频后不会有行动上的积极反馈，甚至可能出现过度消费导致的失落感。如果孩子带着学习的心态看视频，他们看完视频后大多会有模仿行为，比如模仿视频博主提供的方法解题、模仿视频博主提供的运动要领进行训练等。这时，视频就是帮助孩子学习、提高的工具，孩子已经掌握了信息时代最有力的学习武器，正走在强者愈强的道路上。

那么，如何才能让网络视频成为年青一代强有力的学习工具呢？最好不要让学龄前的孩子接触网络视频，特别是短视频和超短视频。这时的孩子还没有养成各种爱好，只能成为视频的消费者。孩子逐渐长大，有了自己的爱好（比如游泳、画画、书法、摄影等）后，网络视频才有可能成为他们学习的工具。

综上，何时以及以何种目的让孩子接触网络视频，也是一种育儿智慧。

如何避免孩子沉迷电子产品

我们可以预测：基于互联网的娱乐产品将会越来越多样化，其带给消费者的体验也会进一步提升，同时各种电子产品、应用软件也将越来越成为人们日常生活不可或缺的一部分。当下的青少年是真正的“互联网一代”，他们的生活已经无法离开互联网以及各种电子产品。那么，如何避免孩子沉迷于电子产品而无法自拔呢？

让孩子在充满关注与爱的环境中成长

被关注、被爱是人的基本需求，而孩子对爱的需求比成年人更强烈。如果家长不能给予孩子足够的关注与爱，那么孩子只能通过其他方式获得满足感和存在感。沉迷于电子产品、早恋、非理性追星等困扰家长的问题，往往都与孩子在家庭中无法获得足够的关爱直接相关。当发现孩子沉迷于电子产品，多数家长会通过严厉的管教试图让孩子回归正轨。殊不知，这样的行为让孩子更加无法感受到家长的爱，孩子沉迷电子产品的程度可能会进一步加深。

花草需要园丁浇水，孩子需要家长关注。每天晚上和孩子谈谈当天的学习、生活，肯定孩子点滴的进步，接纳孩子的各种感受，都能让孩子体会到来自家长的关爱，并获得轻松、愉悦的心情。当孩子感受到自己被重视、被关爱时，他们对电子产品的需求会自然减弱，他们沉迷电子产品的可能性也会大大降低。

减轻孩子学习的痛苦感

学习既需要孩子放弃娱乐、休闲，又需要他们付出巨大的努力，是一件很辛苦的事情。一些家长为孩子制订了极为苛刻的学习计划、布置了大量的家庭作业，使孩子没有放松的时间。还有一些家长只关注学习结果，忽视孩子的付出和进步。这些做法可能会让原本就十分辛苦的学习变成孩子的噩梦。

孩子辛苦时，需要休息；孩子痛苦时，需要娱乐。孩子在学习过程中感受到的痛苦越多，电子游戏对其的吸引力就越大，他们利用电子游戏放松自己的想法就越强烈。家长用正确的方法陪孩子完成作业、协助孩子提高学习效率，都能极大地减轻孩子学习过程中的痛苦感。同时，家长要帮助孩子在学习过程中不断获得成功的体验，以成就感抵消痛苦感，以促进孩子学习自驱力的形成。

帮孩子培养爱好

电子游戏、短视频会给大脑的奖赏机制带来猛烈的冲击，强刺激会让使用者短时间内获得极大的效用（快感），这是阅读、运动等娱乐项目无法做到的。但是，电子游戏带来的刺激转瞬即逝，还会抑制大脑的奖赏机制，而运动不仅能促进多巴胺分泌，还能提高多巴胺受体的活跃性，从而增强人感受愉悦的能力。所以，只要能帮孩子培养出能带给他们持续快乐的爱好，就能大大降低他们对电子产品的需求。

孩子画画时，不要在意他们画得是否精美；孩子运动时，不要在意他们的动作是否标准；孩子演奏时，不要在意他们是否出现错误……只要孩子在做，家长就要为他们喝彩。不要做孩子的教练，要做孩子的知心人，这是帮助孩子培养爱好的关键一步。家长需要在孩子努力时给予更多的鼓励和赞美，以增加孩子的快乐。孩子拥有属于自己的正向的爱好后，这些爱好便可能成功替代电子产品，为孩子提供源源不断的快乐。

提高孩子使用电子产品的成本

电子产品广受欢迎的原因是它的性价比极高，消费者可以免费享受电子产品带来的巨大快乐。根据经济学规律，提高使用电子产品的成本也许可以降低孩子对电子产品的需求。

虽然各种电子娱乐产品是免费的，但是家长可以通过制定规则避免孩子免费获得电子产品的使用权。比如，孩子完成当天的学习、训练任务后才能在一定时间内使用电子产品。这样的规定可以增加孩子使用电子产品的成本，缩短他们使用电子产品的时间。家长需要注意的是，最好在孩子开始接触电子产品时便制定相关规则，提高其使用成本。如同消费者厌恶产品价格上涨一样，如果孩子已经习惯于免费使用电子产品，家长提高电子产品使用成本的行为必然导致孩子的抵制和反抗。

不用电子产品贿赂孩子

一些家长习惯用电子产品应对孩子的吵闹或捣乱。比如：不想让孩子哭闹，就让孩子玩一会儿手机；不想让孩子在屋里乱跑，就让孩子玩一会儿手机；不想让孩子把颜料弄得满地都是，就让孩子玩一会儿手机；等等。

电子产品已经成为很多家长让孩子安静下来的高效工具。用电子产品换取孩子的安静，这是典型的贿赂行为。这种贿赂行为不仅会让孩子零成本使用电子产品，还可能让孩子从此学会要挟甚至控制家长，是极不可取的。

电子产品的出现与持续发展是不可改变的事实，电子产品和应用软件更便宜、更人性化、更吸引人也是必然趋势。让孩子合理使用电子产品，让电子产品成为帮助孩子进步的工具，是每个家长都要面对的重要课题。

第 8 章

与青春期孩子沟通要多想一层

青春期是每个人从孩子变为成人的过渡期，也可以说是家庭教育最后的窗口期。面对青春期的孩子时，避免权力之争，帮孩子体验成年人的世界，是家长最明智的选择。

如何应对青春期与更年期的权力之争

孩子进入青春期后会发生很多变化。比如，曾经和父母亲密无间的孩子突然间不让家长踏入自己房间半步，曾经乖巧听话的孩子突然间变得喜怒无常，等等。这些突如其来的变化往往让家长措手不及、不知所措。

生物学家、精神病学家、心理学家、经济学家、社会学家、人口学家、人类学家等都曾从各自的角度给出了青春期的定义。不论是霍尔（第一个使用科学方法研究青少年期的心理学家）的胚胎重演论，还是让·皮亚杰的认知发展理论，均认为：青少年期是伴随个体生理逐渐成熟而自然产生的从儿童向成人过渡的时期。在这个过渡期，青少年通常会出现自卑、易怒、暴躁等状况。

青春期的孩子很容易与家长发生冲突，这与他们对决策权的渴望有关。正如卡尔·皮克哈特在《欢迎来到青春期：9～18岁孩子正向教养指南》中所言：“童年时期，孩子相信父母有命令他们做什么、不做什么的权力；而到了青春期，他们已经知道，不经过自己的同意，父母不能强迫或阻止自己做任何事。青少年会得出这样的结论：‘要不要听爸妈的，我自己说了算！’”① 也即，孩子逐渐长大后，家长仍习惯于以自己的意志指导甚至控制孩子的行为，而孩子则认为自己才是能做出最有利于自己的决策的人。

在寻找家长与青春期孩子权力之争的解决方案前，我们先来看一个真实的案例。1914年，美国密尔沃基铁路公司的火车经过一片亚麻地时，火车喷出的火星点燃了铁道边一个农户存放的700吨亚麻。之后，农户将铁路公司告到了法院，法院最终判定密尔沃基铁路公司赔偿农户的全部损失。

火车喷出的火星点燃了农户存放在自己土地上的亚麻，火车所属铁路公司因此赔偿农户，这看似毫无问题。但是法官在判词旁写下的个人意见是：虽然我们都认为铁路公司应该赔偿农户，但是如果铁路公司跟农户的总收入、总产出均不能达到预期的话，那么农户可能要负一定责任。

---

① ［美］卡尔·皮克哈特. 欢迎来到青春期：9～18岁孩子正向教养指南. 凌春秀，译. 机械工业出版社，2021.

法官的意见非常符合经济学家科斯对社会成本的阐释。科斯认为，所有的伤害都是相互的，伤害的本质是当事人对稀缺资源的争夺。为了避免伤害发生，谁需要支付的成本最低，谁就应该负更多的责任，就应该调整决策。在上面的案例中，让火车不喷出火星的成本极高，而农户将亚麻远离铁轨放置的成本相对较低。铁路公司和农户若能达成合作（交易成本足够低），那么防止火灾发生的最佳解决方案是农户将亚麻远离铁道堆放。这个案例告诉我们，双方各自盲目行使权力可能对双方都造成伤害，一方主动让渡部分权力可能让双方共同实现利益最大化。

家长与孩子之间的权力之争和上述案例中铁路公司与农户之间的利害关系十分相似。家长有管理孩子的权利，孩子也有决定自己行为的权利。为了实现家庭收益、福利最大化（风险最小化）的目标，应有一方主动让渡部分权力，以降低相互伤害的风险。如果家长限制孩子的行为能为家庭带来很大收益，且限制孩子行为的成本很低，那么限制孩子的行为就是最优策略。相反，如果孩子的行为并不会给家庭带来巨大的风险，且家长限制自己行为的成本很低，那么家长便应该让孩子行使一定的决策权。

比如，孩子计划在外留宿一晚，这对于家庭来讲是有一定风险的。这时，家长就要以坚定的态度拒绝孩子的要求，并严格要求孩子每天按时回家。在这件事上，孩子改变决定所需要支付的成本较低，而家长为保全孩子安全需支付的成本很高，所以需要做出让步的是孩子。

再如，孩子穿着奇装异服与同学外出逛街。这在家长看来可能不合适，而在孩子看来可让自己得到同龄人的认可，从而带给自己相当大的满足感，且给家庭带来的损失或风险并不大。这时，家长改变决策所需要支付的成本较低，应该做出改变，将决策权交给孩子。

在保全家庭整体利益的情况下，家长与孩子都有放弃部分权力的责任。评判的标准是：哪一方避免伤害的成本更低，哪一方便要承担更大的责任，应主动放弃一部分权力。家长永远让孩子无条件放弃权力，只会使损害家庭整体利益的风险增大。

科斯定理中，实现资源最优配置的前提条件是“交易成本为零”。这表明，只有充分了解所有决策的成本和收益时，才能做出使整体利益最大化的决策。亲子沟通能否使家庭利益最大化取决于两点，一是两代人能否顺畅沟通，二是两代人之间能否传递真实信息。家长要为孩子创造宜于其传递真实信息的环境，并要将自己关于决策成本与收益的判断传递给孩子。如果家长一听到孩子的决策后就大发雷霆、严厉指责，那么孩子就不会有向家长传递真实信息的机会以及主动性。同时，孩子也会拒绝接收家长的信息。如此，两代人之间的交易成本便会大幅提升。

随着孩子渐渐长大，两代人之间的权力之争会越来越多。家长拥有更多经验、阅历和更高的认知水平，家长为营造良好沟通环境、降低交易成本所支付的成本相对更少，所以家长应承担更多责任。如果两代人之间能够顺畅沟通，如果家长在孩子成长的过程中能合理使用自己的权力，给孩子更多获得决策权的机会，孩子便不会刻意地从与家长斗争中获取快乐，这样两代人达成合作的难度会大大降低。

家长之所以经常让孩子放弃权力，听从自己的决定行事，是因为不信任孩子，不相信孩子能够做出正确的决策。可是，决策力是需要不断的训练才能获得和提高的。如果孩子一直听从家长的命令行事，便失去了训练和提高决策力的机会。那么，孩子也不可能有很好的决策力。

如果家长不肯让步，完全剥夺孩子的决策权，在家庭中处于弱势地位的孩子也并非没有对策，他们会拿起弱者的武器对抗强权的家长。

如何让孩子更愿意与家长合作

与青春期孩子的权力之争是大多数家长最为痛苦的经历。如果家长与孩子能够顺利完成权力交接，那么孩子会在更广阔的空间更好地成长。如果家长完全不做让步，那么孩子可能会以争吵、反抗等方式与家长争夺权力，也可能会以躺平、拖延等不合作的方式与家长对抗。[①]

很多家长在孩子进入青春期后发现，过去很听话的孩子越来越不听话了。而且，有些孩子还会以无声的沉默对抗家长。不论家长说什么，孩子就是“不听”“不行动”“不合作”。也就是

① 导致拖延症的原因很多，比如追求完美、对失败的恐惧、寻求刺激等均是引起拖延症的重要原因。本文仅从“不合作”的角度对拖延症进行解释，请读者不要忽视可能引发孩子拖延症的其他原因。

说，这些孩子“躺平”了。

行为经济学家的研究能够很好地解释孩子这种行为。德国经济学家古思、施米特伯格和舒瓦茨设计过一个名为“最后通牒博弈”的实验。实验的主要内容是，参与实验的人两人一组就如何分享一定数额的金钱进行谈判。其中一个人（分配者）可以先提出一个分配方案。如果另一人（接受者）接受了这个方案，双方便可按照约定分配。如果接受者拒绝了这个方案，则双方合作失败，都拿不到一分钱。

正常来讲，只要分配者分配给接受者的金额大于0，接受者就能获得收益，所以经济学家们预测分配者分配给接受者的金额应该接近0，而接受者应该接受分配给自己的金额大于0的所有方案。但是实验结果完全不是这样，当分配者分配给接受者的金额太少时，接受者虽然可以获得收益，但是仍然选择拒绝。因此，很多参与实验的人空手而归。也有实验小组达成合作，分配者与接受者的分配比例大多为6：4。经济学家最终得出结论：当人们感受到不公平时，宁可放弃收益也要表达抗议。

亲子关系中也有类似的情况。当孩子认为家长过于强势或过于苛刻时，他们会感受到强烈的不公平。这样，即便听从家长的建议可以获得收益，孩子还是会拒绝与家长合作，不作为、拖延等不合作方式就是孩子反抗家长的常用手段。《拖延心理学》的作者在书中写道："对有些人来说，仅仅是提到'合作'这个词就足以让他们产生一种屈服感，为自己可能放弃某些权力而感到恐惧。配合别人的规矩，答应别人要求自己做的事情，都会让他们感到自己在向对方投降。"①

对无法获得决策权的孩子而言，与家长合作意味着屈服和投降，所以他们会选择不合作来对抗家长。在不合作的行动中，拖延和不作为又是风险小、收益大的最佳选择。《拖延心理学》的作者说："拖延之战也发生在一些存在权力等级的情况中。仅仅是有人处在比你更有权威的位置上就会让你感觉到自己的渺小和无助。在高度集权的公司、学术界和家庭中，'下属'通过拖延来对付'上司'，这种情况时有发生。"②不作为、拖延等行为，都是当事人的主动选择。耶鲁大学政治学和人类学教授詹姆斯·斯科特称拖延是弱者的武器，甚至是弱者的权力。

当孩子无法获得自己期望的决策权时，他们用来对抗家长的手段主要是抗争和不合作。抗争意味着与家长的正面冲突，往往会导致两败俱伤的结果，孩子为此要支付极高的成本。与抗争相比，孩子选择不合作的成本很低，他们只要做到充耳不闻和消极怠工便可实现对家长的反击。在经济学中，低成本是高效率和高

① [美] 简·博克，[美] 莱诺拉·袁. 拖延心理学. 蒋永强，陆正芳，译. 浙江教育出版社，2021.

② 同①。

利润的同义词，因此相比抗争不合作可以说是孩子收益更高的对抗家长的模式。在不消耗过多能量的情况下，孩子便可以让家长束手无策或深受伤害，家长无奈、气愤甚至歇斯底里的反应就是孩子取得的胜利果实。

随着年龄不断增长，孩子行使权力的意识和对合作中的公平的要求越来越强烈。家长主动让渡权力或者让孩子扮演合作关系中拥有更多权力的分配者角色，都能有效地激发他们的主动性，提高他们的合作意愿。从发展的角度看，孩子最终一定会拥有决策权。而且对于独生子女来讲，他们未来将拥有家庭全部的决策权。更早地让孩子理解权利和义务、责任的关系，更早地让孩子拥有承担责任的勇气和担当，才是每个家长的最优选择。

可能有家长听过这样的事情，有些孩子会在上高中后突然从之前的“问题少年”转变成优秀少年，并在高考中实现逆袭。我身边的在校大学生中就有这样的孩子。我在与他们的沟通中发现，很多孩子发生改变的根本原因是从选择不合作变为选择对自己负责。

如前文所述，不合作是孩子主动选择的对抗家长的方式。当某些重要事件来临时，一些心智成熟的孩子会主动选择放弃与家长对抗，而将注意力转移到对自己的未来负责上。当孩子选择了对自己负责时，他们会主动做出改变。

家长与其期待孩子成为奇迹少年，不如随着孩子年龄的增长逐步让渡决策权给孩子。这样既可以避免孩子采用不合作的方式对抗家长，还可以让他们通过不断的试错学会使用决策权，更可以锻炼他们承担责任的勇气与担当。

给予孩子更多决策权，是不是意味着家长可以完全放手呢？并不是。孩子虽然渴望获得决策权，但他们可能并不会真正使用决策权。人变成熟的道路并不平坦，正如心理学家卡尔·皮克哈特所言："由于需要承担随之而来的责任，青少年可能会对'自由选择'感到五味杂陈。他们想要自由，但又不想承担后果，所以会找各种借口。"①

综上，家长应该让孩子更快地理解获得决策权的意义和使用决策权的成本，从而让孩子在每一次做决策时都能够收获足够多的经验。

① ［美］卡尔·皮克哈特．欢迎来到青春期：9～18岁孩子正向教养指南．凌春秀，译．机械工业出版社，2021．

如何让孩子为自己的决策失误承担后果

心理学家卡尔·皮克哈特在《欢迎来到青春期：9～18岁孩子正向教养指南》中写道："在不断走向独立的过程中，青少年也有机会从'事后教育'这种方法中学到不少东西。重要的是，青少年千万不要过于迷恋自由而忽略了随之而来的所有风险。每一个'自由'的决定和随之采取的行动，都会导致某种后果，可能是意料之中的，也可能是意料之外的……对于那些正走向独立的青少年，父母必须逐渐让他们学会为自由承担必要的责任，这样他们才能从中吸取教训。"[①]但是，青少年能够接触到的外部世界很有限，所以他们通过事后教育的方式进行学习的机会不多。家长可采取小题大做的方式，故意适当放大错误带来的负面

① [美] 卡尔·皮克哈特．欢迎来到青春期：9～18 岁孩子正向教养指南．凌春季，译．机械工业出版社，2021．

后果，让孩子了解和体验自己做决策时需要承担的责任和成本。

家长应该秉承的原则是，不要增加权力转移的交易成本，而是利用一切可能的机会增加孩子的决策带来的成本。换句话说，家长不要在孩子做决策时干扰孩子，而要在孩子做出决策后想方设法增加他们的错误决策所造成的损失。或者说，家长要抱着“落井下石”的心态来增加孩子使用权力的成本。根据经济学原理，影响供给的最重要因素是价格和成本。价格（收益）越高，供给量越大。成本（代价）越高，供给量越小。当感受到做决策要承担成本时，孩子可能会更谨慎地做决策，由此他们与父母的冲突也会随之减少。

具体讲，为了帮助青少年尽快成长，家长在放权的同时要做好以下三件事。

第一，主动让步，找到孩子的底线

不断试探家长的底线是青少年与家长争夺权力时惯用的招数，正如畅销书《读懂青春期》的作者塔拉·伊根所言：“试探父母的底线，或抵制父母所建立的界限或规则，是孩子成长中的一个重要过程。”[①]比如，家长规定孩子每天要按时睡觉，孩子

---

① ［美］塔拉·伊根．读懂青春期．王海峰，陆慧，译．天津科学技术出版社，2022．

偏偏今天拖延10分钟，明天拖延15分钟，就是想看看家长的忍耐极限。孩子在与家长斗争的过程中不仅会有夺权成功后的成就感，还会有戏弄权威的成就感。孩子随时随地在攻击家长构筑的防线，而家长只能在被动防守中节节败退。既然如此，家长不妨放低姿态，将孩子从家长手中获得决策权的交易成本降至最低，以弄清孩子真实的意图。

我女儿在上初二时突然有了“做头发”的想法，她的计划是先染发后烫发。她向我说出自己的想法后，我马上表示同意，并建议她先把头发染成红色，再烫个“泡面卷”。我说：“顶着中国红和泡面卷，你才是真少年！”女儿对我的建议嗤之以鼻，她喜欢棕色或栗色，她说这样自己也不会因为头发颜色过于显眼而被老师责备。此时，我已经了解了女儿的底线，她对于被老师察觉和批评的风险是在意的。掌握她的底线后，我便有了更多可以与她沟通的空间。我和她一起分析了染发的成本、对头发的伤害和被老师发现的概率与后果，之后我建议她高中毕业后再染发。对于烫发，我们商讨一番后认为她烫个“大波浪”比较合适，这样她可以通过盘头发的方式逃过老师的检查。这个方案风险小、收益大，最终成为女儿的选择。这件事以后，女儿将我的微信备注从“不太靠谱”改为“太不靠谱”。不过，在我看来，“不靠谱”的家长配上靠谱的孩子比靠谱的家长配上不靠谱的孩子更靠谱。

一次，我的一位朋友发现孩子晚上总是偷偷打游戏。他向我咨询，我给出的建议是：陪孩子通宵打游戏。于是，朋友再次发现孩子偷偷打游戏时，没有斥责孩子，而是坐在孩子身边陪着他。孩子困了，朋友便让孩子去洗个脸，然后让他继续打游戏。孩子睡着了，朋友便会叫醒孩子，让他继续。被折磨了一夜的孩子最终求家长放过自己，并痛快地接受了家长提出的每天只在特定时间使用电子产品的建议。自那以后，孩子每天都只在规定的时间内使用电子产品，很少出现偷偷打游戏的情况。

近年来，一些家长会把自己对游戏上瘾的孩子送去电子游戏职业战队的青训营，让孩子感受每天10余个小时的高强度电子竞技训练。在家里十分享受电子游戏带来的快乐和成就感的孩子大概率会被电子游戏职业选手“打得体无完肤”，由此每天打游戏变成他们最痛苦的事情。很多孩子由此改变了对电子游戏的态度，回归到正常生活中。①

正因为亲身经历过社会的历练，家长才会制定较为严格的家

---

① 这种戒网瘾的方法被称为饱和疗法，其背后的经济学原理是边际效用递减规律。这个规律是这样的，在一定时间内，在其他商品的消费数量保持不变的条件下，随着消费者对某种商品消费量的增加，消费者从该商品连续增加的每一消费单位中所得到的效用增量（即边际效用）是递减的。比如，十分饥饿时，我们吃一个汉堡后会很快乐，吃第二个汉堡时就没有吃第一个汉堡时那么快乐了，吃第三个汉堡时可能就完全没有快乐了，吃第四个甚至第五个汉堡时可能就会感觉很痛苦了。

规，希望孩子在正确的道路上前行，这没有问题。然而，家长有时也要学会放下条条框框，这样孩子才可能通过自己的直接经验更深刻地体会到自己行为的成本和父母制定规则的原因与善意。

第二，与老师合作，借助外部力量增强孩子的体验

当家长把老师拉入子女教育的战局后，原本限于亲子双方的博弈就变成了老师、家长、孩子三方的博弈。老师的反馈能让孩子在低风险的情况下感受决策带来的后果，从而可让孩子在强烈的外部刺激下体验决策成本。

我一位朋友的孩子是个“起床困难户”，每天早上她为了不让孩子迟到，真是煞费苦心。送孩子上学的路上，她不仅会和孩子吵架，还经常当“路怒”司机，这与她清秀可爱的形象完全相悖。她与我交流后，我给出的建议是：与班主任沟通，主动请求班主任在孩子迟到时惩罚孩子。班主任了解情况后，接受了朋友的请求。之后，朋友每天早上不再催促孩子起床，也不再关注孩子洗漱、吃早餐是否拖沓。她只是在孩子完全做好准备后，开车送孩子上学。孩子迟到后，班主任便会要求孩子利用午休时间打扫教室。大约两周后，孩子起床困难的情况明显好转，他甚至主动要求按时出门，以避免迟到。偶尔赶上有可能导致迟到的意外情况，孩子还会主动与家长商讨应对方法。

孩子迟到的问题得到改善的同时，他们的亲子关系也逐渐从对立转向合作。

第三，抓住孩子的“失败”决策，“穷追猛打”，毫不留情

青少年往往只能看到拥有权力的快乐，却不了解承担后果的艰辛。教他们学会为自己的行为负责是家长的责任，而如何合理地夸大孩子的失败决策导致的后果以让孩子学会更严谨地做出决策则取决于家长的育儿艺术。

我一个朋友的儿子上高中后不想让家长每天开车接送他，他认为这限制了他的自由。朋友认为孩子骑车上学有安全隐患并且很浪费时间，拒绝了孩子的要求。结果，朋友每天辛辛苦苦接送孩子，而孩子每天摆着一张臭脸，完全不能体谅家长的辛苦和付出。

朋友向我咨询，我了解情况后给出的方案是：允许孩子骑车上学，条件是以后不能再提让家长接送的要求。孩子听到这个消息后非常开心，很有成就感。然而，孩子的兴奋并没有持续很久。随着天气日渐寒冷，骑车上学的痛苦感越来越强。于是，孩子请求家长开车接送自己，但遭到了家长的拒绝。这里需要强调

的一点是，在孩子进入青春期后，家长与孩子之间的协定务必要以书面协议的形式留下证据。家长不要高估自己的狠心，也不要低估孩子耍赖的能力，书面协议是对双方最好的制约。

入冬后，骑车上学的痛苦已经达到孩子能承受的极限，他开始利用撒娇、卖萌、卖惨等多种手段祈求家长开车接送自己。

遇到这样的情况，家长一定不要嘲笑孩子出尔反尔，或者讽刺孩子吃不了苦。因为嘲笑和讽刺这种口头反馈给孩子的痛苦极少，不仅不能让孩子认识到权力背后的成本和责任，而且还会让家长与孩子的关系进一步对立。家长可以通过向孩子“索贿”的形式，让孩子支付高昂的“贿赂”成本，强化他们的相关经验和感受。

朋友提出的条件是：若孩子为家里的宠物狗购买一年的狗粮（约4000元），就重新开车接送他。孩子在权衡利弊后，认为家长提出的条件不合理，选择继续自己骑车上学。遇到大风、下雨等恶劣天气，孩子便用自己的零花钱打车上学。为自己的决策负责，权衡利弊，这些都是青少年在成长过程中必须学习的内容。家长作为青少年的监护人，应该抓住一切机会帮助孩子成长，让他们最大限度地体验权力之重。

最后，我还想强调一点，在训练孩子的过程中，家中的所有人要保持态度和行为的统一。如果家中有人偏袒孩子，那么孩子为决策失误所付出的代价将大大降低。这既会让家长之前的努力付之一炬，更会阻碍孩子心智成长，是必须防范的。

孩子在寒风中骑车上学并没有那么可怜，家长一大把年纪还要继续养活已经长大但心智层面尚未成年的子女才真的可怜。优秀和摆烂的成年人都是父母培养出来的。

第 9 章

孩子如何做到学习和娱乐两不误

学习是一种能力。掌握高效学习方法的孩子，有更多的时间娱乐，还能在娱乐中精进学习方法。

孩子容易陷入怎样的学习“内卷”陷阱

当下，人们用“内卷”来形容努力却收益甚微（努力的通货膨胀）的状态。比如：学生学习很努力，但很难考入心仪的学校；年轻人工作很努力，但很难升职；等等。

社会学家黄宗智被认为是最先使用“内卷”一词的中国学者，他在研究中国明清农业时发现，清代由于人口大规模增加，华北平原的农村家庭在每亩田地中投入了更多的劳动力，却得不到相应比例的产量。黄宗智将这种现象称为“内卷”或“过密型生产”。黄宗智所描述的情况实际上就是英国经济学家马尔萨斯在18世纪末所提出的马尔萨斯陷阱。

马尔萨斯认为，人口增长是几何级的，而当新生人口从事农业生产时，粮食产出却只会以算术级增长，这会导致粮食危机。换句话说，在和平年代，人口增长的速度会超过粮食增产的速度，人均粮食拥有量会下降，这可能导致粮食危机。之后的经济学家在马尔萨斯的研究的基础上发现了边际报酬（产出）递减规律。

边际报酬递减规律是指在其他条件不变的情况下，随着某一种生产要素的投入量不断增加，增加该要素投入所带来的产量增量会越来越小，甚至为负数。以日常生活为例，当我们打扫房间时，第一个小时的劳动会使房间整洁度提高很多。第二个小时的劳动（新增的一小时劳动）也会使房间整洁度提升（边际报酬为正），但是第二个小时房间整洁度的提高程度明显小于第一个小时房间整洁度的提高程度。这说明，第二个小时劳动的边际报酬小于第一个小时劳动的边际报酬，也即边际报酬在递减。如果我们继续投入劳动，第三个小时我们可能会重点关注床下、沙发下等不易看到的区域。有过大扫除经验的人都知道，这些卫生死角都是“费力不讨好”的地方（即使打扫得很干净也很难被他人察觉）。用经济学原理来解释这种情况，那就是边际报酬极低，约等于零。

边际报酬递减规律是经济学上最重要的发现之一，人类的生产活动都逃不过边际报酬递减规律。马尔萨斯陷阱之所以没有出现，是因为技术革命大大提高了生产效率。也就是说，技术革命是人类跳出马尔萨斯陷阱或者避免内卷的唯一方法。

孩子在学习过程中如果付出了巨大努力却收获甚微，这种内卷现象可以通过改进技术改变吗？答案是可以的。孩子在学习过程中一般会陷入以下两个内卷陷阱。

内卷陷阱一：过度超前学习

很多家长让孩子超前学习。有些孩子在学前班学完一年级的课程，在一年级时学完二、三年级的课程。有些孩子甚至在三、四年级时便学完了小学全部课程。这些孩子在周末和各种假期要去各种课外班学习，几乎处于全年无休的状态。

预习是一种很好的学习方式，孩子通过预习可以发现问题，从而可以在老师上课时更有针对性地听讲，提高课堂学习效率。但是，过度超前学习违反了学习的自然规律。

心理学家皮亚杰基于大量实验提出了认知发展理论。皮亚杰认为，儿童的认知能力要依次经历四个发展阶段，这四个发展阶段分别是感觉运动阶段、前运算阶段、具体运算阶段和形式运算阶段。学校的课程设置基本上是按照儿童认知能力的发展规律安排的，超前学习的孩子极有可能遇到因认知能力不足而导致的各种问题。

曾在一档辩论节目中有出色表现的詹青云在自己的著作中

分享过一段有趣的经历："我妈最大的优点是自己做老师，但不迷信老师。学前班老师有天跟她告状，说：'天哪！全班这么多孩子，就你家孩子学习最差，十个数字都学不会，作业写得乱七八糟！'我妈看了我的作业本，果然配得上'乱七八糟'这四个字，但她没有立刻发火，而是满心困惑，我为什么会这样。那时候我外婆家是水泥地，我妈用粉笔在地上画了格子，要我按老师教的从1写到10。据我妈说，我的1写在格子里，2已经超出格子，写到10的时候，从客厅一头写到另一头，几乎写到沙发底下。我妈问：'为什么不写在格子里？'我真诚地说：'我们王老师说了，2比1大，3比2大，10最大！'我妈一愣，随即大笑，夸我思路清晰又清奇，我不记得她当年用什么方法教会我'大'的不同语境，不过大约是学会了。"①

这说明，当孩子处于前运算阶段时，他们只能理解具体的大与小，而无法理解抽象的大与小。如果家长想让孩子理解超出认知水平的知识，必须付出极大的时间成本。而且，孩子极可能用较低阶段的认知方法去学习，从而形成似是而非的理解。更可怕的是，孩子因为认知水平不足而不断犯错时，有可能产生对自己的质疑和挫败感。长期处于自我质疑和挫败的情绪中，孩子会逐渐丧失对学习的热情，甚至产生厌学情绪。

---

① 詹青云．趁着年轻，我偏要勉强．中信出版社，2022．

再举一个可能困扰过很多家长的例子。小学数学中很多应用题都可以用“设未知数为X”的方法简单地解决，但是孩子一般在五、六年级时才开始学习一元一次方程的相关内容。这是因为儿童的认知在10～12岁才会发展到形式运算阶段，在此之前儿童的认知处于具体运算阶段。比如，在具体运算阶段，孩子可以理解具体的2个苹果，但是如果我们问孩子：“X加2个苹果是5个苹果，那么X表示几个苹果？”孩子可能回答不上来。这是因为孩子的认知水平还不足以让他理解抽象的“X”，他还不能将“X”与具体的苹果联系到一起。

人对外部世界的认知随年龄增长而不断变化，超前学习是不合理的。

内卷陷阱二：简单重复补习

有些家长会把成绩不好的孩子送去补习班，希望他们通过课外补习提高学习成绩。这也很容易让孩子陷入边际报酬递减的“内卷陷阱”。

孩子考试成绩不佳的原因很多。在不搞清楚考试成绩不佳的原因的情况下，只是重复学习很难获得预期收益。而且随着补习时间的增加，在孩子的疲劳过度增加的情况下，边际报酬还会持续递减。如此，家长和孩子将一起陷入越投入、越疲劳、越考不好的“内卷陷阱”。

学习上的内卷是可以避免的。避免内卷的方法是使用更科学的学习方法，提高学习效率。

可以说，升级学习方法、提高学习效率，是对抗学习内卷的最佳途径。

充足的睡眠和科学的运动，是孩子高效学习的基础

如前文所述，内卷的根本原因是劳动力的边际报酬递减和由此带来的生产效率过低。在求学道路上，很多孩子都在学习层面的马尔萨斯陷阱边缘徘徊，随时有掉入深渊的可能。

孩子学习成绩不佳，有些家长会让孩子参加各类补习班。参加补习班会占用孩子大量时间，孩子休息不足易导致精神状况不佳。精神状况不佳的孩子上课时不能集中注意力，学不好新知识，更不会考出好成绩。家长面对孩子更差的成绩不得不加大补课的力度。如此，家长支付了很多费用，孩子付出了很多时间，但是效果越来越糟。这种恶性循环就是一些家庭正在面对的孩子学习层面的马尔萨斯陷阱。

从某种程度而言，每一个孩子在学习上面对的情况都是相同的：在一定时间内（每天24小时），尽可能获得最大的收益（取得更好的成绩）。为了实现这个目标，孩子要合理分配每天学习与休息的时间。简单地增加学习时间、减少休息时间是孩子陷入马尔萨斯陷阱的主要原因。

随着医学和心理学研究的不断深入，我们对人类大脑的工作原理越来越了解，这有助于我们科学分配学习与休息时间。科学研究也已经证明，充足的睡眠是大脑高效学习的保证。大脑的前额皮质负责组织规划、控制冲动、分析判断等，而前额皮质的运转受多巴胺和去甲肾上腺素的影响。当人处于兴奋或适度紧张的状态时，多巴胺和去甲肾上腺素分泌会增加，人的专注度更高、思路更清晰、表现更优异。在睡眠不足的情况下，多巴胺和去甲肾上腺素的分泌会受影响，这将导致大脑无法高效地学习与思考。

也就是说，充足的睡眠能保证多巴胺和去甲肾上腺素的正常分泌，让大脑以最佳状态投入学习。实际上，睡眠在学习过程中也起着非常重要的作用。法国认知心理学家斯坦尼斯拉斯·迪昂认为："睡眠不只是一段脑的休息时间，它是我们学习算法不可或缺的一部分。"[①]睡眠时，大脑会重温过去一天的经历，从大

---

① ［法］斯坦尼斯拉斯·迪昂．精准学习．周加仙等，译．浙江教育出版社，2023.

脑皮层向海马体反复发送信号，以整合和巩固记忆。由此，最近学到的知识才能更深入地进入大脑，并与过去学到的其他知识结合起来。睡眠还有助于大脑将不同区域的信息连接起来，形成知识的网状结构，将短期记忆转变为长期记忆。睡眠专家马修·沃克说，这相当于大脑按下了存储键。

正因为睡眠对大脑发育和学习有极为重要的作用，所以我们十分重视青少年因学业压力导致的睡眠不足问题。

除了充足的睡眠，科学合理的运动是青少年高效学习的另一重保障。首先，运动和睡眠一样也可以促进脑内多巴胺和去甲肾上腺素的正常分泌，让大脑处于最佳的工作状态。其次，运动可刺激大脑中“脑源性神经营养因子”的分泌，进而加强负责创造与储存记忆的海马体的功能。最后，运动能让大脑一直处于活跃的状态。《运动改造大脑》的作者说：“身体需要动力，当我们激励身体的同时，也在激励我们的大脑。学习和记忆与运动技能共同进化，运动技能使我们的祖先有机会找到食物，就我们的大脑而言，如果我们停止活动，就真正失去了学习的必要。”①

现在很多家长都因孩子沉迷于电子游戏和短视频无法自拔而十分苦恼，其实良好的运动习惯可防止青少年沉迷于电子产品。

---

① [美] 约翰·瑞迪，[美] 埃里克·哈格曼. 运动改造大脑. 浦溶，译. 浙江人民出版社，2013.

喜欢运动的青少年不仅身体强壮，而且可能在运动场上收获同龄人的羡慕和赞美，这样的正面激励会让他们有更大的动力放下手中的电子产品。

牺牲孩子睡眠和运动的教育等同于揠苗助长，危害巨大。充分的睡眠和运动，可让孩子的大脑在最佳状态下发育，是孩子高效学习的基础。

家长如何做，才能让孩子更高效地学习

充足的睡眠和运动是孩子健康成长的保障，也是孩子提升专注度的基础。在这个基础上，家长还要帮孩子不断打磨学习技巧、提高学习效率，让孩子在一定的时间内有效收获更多知识，从而在教育层面的竞争中占据优势地位。

古人说“一分耕耘，一分收获”，但这句话从某种程度上讲更适用于科技革命之前的古代农业社会。当下，借助科技的力量，人们可用更少的付出获得更多的收获。

孩子在学习上面对的局面也是如此。小学阶段，由于学科少、学习难度低，孩子所面对的困难不多。有些家长会让孩子超前学习。有些家长会让孩子大量做题。这些做法在小学阶段确实能起到快速提高孩子学习成绩的作用。此时，家长能看到

孩子“一分耕耘，一分收获”的状态。但是，当孩子进入中学阶段后，由于学科增多、学习难度增加，超前学习和大量做题的学习方式不再奏效。如果不能尽快升级学习方法，孩子就可能陷入“十分努力却收获甚微”的局面。在我们身边，小学阶段成绩优良而进入中学后成绩大幅下降的孩子，比比皆是。究其原因，大部分与无法及时升级学习方法有关。家长应利用小学阶段学业压力小的窗口期，帮孩子养成良好的学习习惯，为孩子以后高效学习打基础。

为了让孩子高效学习，家长要做好以下几项工作。

第一，制定激励孩子高效学习的规则

家长都极其重视孩子学习过程中的高专注度与高效率，很多家长甚至每晚全程陪伴孩子学习。殊不知，设计出能够激励孩子高效学习的规则，才是培养孩子高效学习习惯的关键。

有些家长在孩子完成学校作业后会额外安排家庭作业。过多的作业挤压了孩子的休闲时间，孩子便会陷入越高效学习、作业越多、身体越疲劳的尴尬局面。长此以往，孩子会失去高效学习的动力，可能通过故意拖延来挤压做额外家庭作业的时间，甚至养成拖沓的学习习惯。

在小学阶段，孩子由于年龄的原因还无法体会高效学习的益处。这时，家长要制定可以激励孩子高效学习的规则，让孩子体会高效学习的好处。例如，高效完成作业后，孩子可以获得自由时间去做自己想做的事情。这样，孩子便可以得到越高效、越自由、越快乐的正向反馈。当高效学习成为孩子获得更多快乐的手段，孩子才可能有高效学习的内驱力。

有些家长担心孩子在自由时间过度使用电子产品，这可以理解，但这不能成为给孩子布置超量家庭作业的理由。只要家长能严格把控孩子每天使用电子产品的时长，孩子适度使用电子产品的行为也是可以接受的。如果家长能够用良性的亲子互动替代枯燥的家庭作业和电子产品，那么孩子将有机会在快乐中提高学习能力。儿童学习力专家魏华在《不急不躁：用游戏提升儿童学习力》中设计了几十个适合家长与孩子互动的家庭游戏，这些游戏不仅能带给孩子快乐，还能让孩子在游戏过程中提升运算、记忆、表达等能力。家长们不妨尝试一下。

第二，创造适合孩子高效学习的外部和内部环境

环境对孩子的学习效率有着重要的影响，舒适、安全、无干扰的学习环境是孩子高效学习的保障。家长首先要创造利于孩子高效学习的外部环境，排除各种可能干扰孩子注意力的因素。比

如，电视、电脑、手机等设备都会分散孩子的注意力，这些设备都不应出现在孩子的书桌周围。有研究显示，仅仅是把一部手机放在书桌上，就可导致孩子注意力、专心程度和完成复杂任务的表现下降20%。

家长可以将孩子每天回家学习（写作业）当作一次考试，只要是考试用不到的物品就不能出现在孩子的书桌周围。除电子产品外，水果、零食、玩具等物品也不能出现在孩子的学习空间。同时，家长也不要在孩子学习时与他们交谈或指出相关问题，否则会分散孩子的注意力。相关研究显示，家长的一句话就会使孩子分心，而孩子分心后往往需要10～20分钟才能重新回到之前的专注状态。

除了外部环境，家长还要为孩子创造安全的内部环境。一些家长会因为孩子做错题大发雷霆，从而批评甚至打骂孩子。这种表现会让孩子在学习时时时处于不安甚至恐惧之中，根本无法进入高效学习的状态。假想一下，如果单位领导天天坐在我们身边，随时可能针对我们工作中出现的问题指手画脚甚至破口大骂，我们还能好好工作吗？

心理学研究发现，孩子在高挑战和低威胁的环境中最为专注，表现最佳。[①]在高挑战和低威胁的学习环境中，孩子知道自己可以承担犯错误的风险，各种尝试与探索都是安全的。这种安全感能让大脑在高速运转的同时保持兴奋与快乐，使孩子更容易进入专注的“心流”状态。如果担心孩子学习时会走神，家长可以扮演监考老师的角色而不是农场监工的角色，安静地陪在孩子身边就是在给孩子创造最佳的学习环境。

第三，让孩子通过刻意练习提高学习方法，最终实现高效学习

家长的科学付出只是孩子高效学习的保障，孩子需要通过刻意练习不断提高学习技巧，最终实现高效学习。

文化课学习与运动、艺术等学习本质相同，都是通过不断练习掌握新技能的过程。很多学习成绩优异的孩子在体育、音乐、美术等方面也有优良表现，这是因为他们掌握了高效练习的方法。

家长可以选择一门需要每天练习的才艺课帮助孩子熟悉“掌握式学习”模式。以书法学习为例，孩子上课时会学习笔画的书

---

① ［美］威廉·斯蒂克斯鲁德，［美］奈德·约翰逊．自驱型成长：如何科学有效地培养孩子的自律．叶壮，译．机械工业出版社，2020．

写方法、汉字的结构特点等知识，之后要通过练习加深对理论知识的理解。在练习过程中，孩子要及时发现自己所书写的与字帖的差异，并找到解决问题的方法。这个过程就是一个完整的“课堂学习—课后练习—发现问题—总结提高”的学习过程。同时，每天完成书法作业又是很好的训练注意力和耐力的过程，如果孩子每天能够坚持30分钟左右的书写训练，他们便拥有了应对学校考试所需要的体力和耐力。

刻意练习是目前被普遍承认的高效练习方法，与之相对的简单重复被称作“天真的练习”，是效率极低的练习方法。刻意练习的核心要素是反馈，练习者首先需要根据反馈信息及时发现自己的不足，再针对不足进行有目标的改进。孩子在每天学习过程中，要避免简单重复的天真练习，以刻意练习的方法不断发现问题、解决问题。

孩子每日的练习（比如写作业）是运用所学知识的过程，练习中出现的错误是最重要的反馈。有些孩子和家长只关注错题的数量，很少将错误答案与标准答案进行全面、深入的对比和分析，错过了弥补漏洞的机会，浪费了练习的时间。与大量做题相比，认真研究做错的题目是快速理解知识点、掌握答题技巧和提高考试成绩的有效手段，是学习中最佳的刻意练习方法。

第四，做孩子的“学生”，听孩子“讲课”

整理错题可以发现不足，对比正确答案则有助于掌握解题思路、总结答题技巧。孩子还可以通过向他人讲解的方法验证自己是否真正掌握了相关知识。用自己的语言向他人解释所学内容，这是诺贝尔物理学奖得主理查德·费曼的学习方法——费曼学习法——的核心内容。孩子进入小学高年级或中学阶段后，如果家长感到无力辅导孩子，那么可以做孩子的学生，听孩子讲课。如果孩子不能通过讲述让家长弄懂某个知识点，那么这说明孩子还没有完全理解相关知识。家长可以通过提问的方式阐明自己的困惑，刺激孩子进一步思考、理解，直到他们可以“教会”家长为止。

综上，高效率才是高收益的保障，也是孩子学习和生活上最核心的竞争优势。家长要想方设法帮助孩子跳出低效和内卷的陷阱，进入高效学习的快车道。

第 10 章

家庭和学校如何协作

家校合作对于孩子的发展和学习至关重要。它能够为孩子创造一个积极的教育环境，促进孩子全面发展。但是，怎样才能与学校更好地合作？这十分考验家长的智慧。

在家校共育中，家长常做错什么

近些年家校共育在社会上成为流行词，可是家校共育并没有一个明确的定义。在所有关于家校共育的描述中，“一土学校”的何烨老师的观点最打动我。何烨老师说：学校教育是家庭教育的延伸，没有好的家庭教育，学校教育的作用就变得渺小了。家校配合是优质教育的关键，我们把孩子当作成长中的人来看待。我们看到他们，我们听到他们，我们感受到他们。为他们的成长与点滴进步点赞，也发现他们的问题与困难，尽我们所能去帮助他们。

虽然关于家校共育的定义仍不明确，但有学者一针见血地指出了目前家校共育中存在的问题。吉林大学心理学系李兆良教授指出：“当前，家校合作的迫切性和重要价值已得到了全社会的普遍关注，但家校合作过程中却存在合作双方主体责任界限不清，职责不明，甚至越位、错位、越界等混乱现象，呈现出家庭教育依附或迎合学校教育，家庭教育学校教育化，家庭教育功能弱化，甚至家庭教育功能丧失等问题。”

家校共育是家庭与学校共同承担培养孩子的责任，其本质是家庭与学校合理分工，利用各自的特点和优势共同教育孩子。李兆良教授所说的越界现象是当前家长在家校共育中所犯的最大的错误。

具体来讲，家长的越界主要表现在以下两个方面。

错误一：家长老师化

如今家长辅导孩子（主要是小学低年级孩子）写作业已经成为很多家庭的常态。家长（在大多数家庭主要是母亲）既要陪孩子写作业，又要为孩子批改作业，俨然成了孩子的“第二老师”。虽然很多家长完成了高等教育，但是随着教育理念的不断发展，如今的教育内容、教育理念等已经发生了翻天覆地的变化。与在校老师的教学能力相比，家长不论在绝对优势还是相对优势方面都处于劣势。在家校共育的分工、协作体系中，家长试图扮演孩子的“老师”的选择并不合理。

另外，家长若在孩子小学低年级时充当孩子的“老师”，主要关注孩子的考试成绩，往往会忽视孩子学习习惯和学习兴趣的培养。如果家长的“盲目教学”导致孩子低年级时没有养成良好的学习习惯和浓厚的学习兴趣，那么孩子之后很可能遇到巨大的学习困难。家长“盲目教学”副作用极大。

错误二：家长校长化

科技进步降低了人们的沟通成本，拉近了家长与学校的距离，这均有利于家校之间的信息沟通，有利于家长更全面地了解孩子的在校表现。但是，一些家长在了解到更多信息后，希望通过各种方式为孩子争取资源，俨然扮演起了“校长”的角色。比如，哪个老师教得好，哪个老师管得严，成了家长之间探讨的重要话题。学校对任课老师的调动和调整会引发家长的持续关注，有的家长甚至主动要求学校对任课老师的工作进行调整。如果任课老师出现严重违反职业道德和职业规范的行为，家长及时向学校反映情况甚至请求学校对任课老师的工作进行调整，是合理且必要的。但是，家长请求学校将优质资源配置到自己孩子所在班级的要求既不合理，也不现实，反而会导致家长、学校、任课老师之间丧失信任、产生矛盾。

对于任何组织机构而言，合理分配内部资源都是组织机构内部的事情。以学校为例，任课老师间既有教学能力的差异，也有教学经验的差异，学校会基于老师情况进行合理的组合。以老带新、以优促劣是最常见的组合模式。总之，每个班级都有有经验、有水平、有热情的老师主持大局，但学校绝不可能将所有优秀老师配备在一个班级之中。

家长干涉学校师资调整的行为是不对的。

家长老师化和校长化是家校共育中家长最容易犯的错误。那么，家长在家校共育体系中应该做些什么呢？且看下文。

在家校共育中，家长应该做些什么

家校共育中，家长应该做些什么？这取决于家长与老师的区别是什么。家长在专业知识、教育理念等方面都与学校老师有一定的差别，但这些差别还在其次。家长与老师最大的差别是家庭与学校的不同导致的。家庭与学校最本质的区别是基于孩子而言的：孩子是家庭的唯一，而一个学生只是学校（或老师）众多学生之一。这句话反过来说也可以：家庭是孩子的唯一，学校（或老师）只是孩子的选择之一。家校共育中家长与学校的分工、家长与老师的分工均应基于上述区别。

我们首先讨论功利的学习成绩问题。学校教育最大的特点可以说是经济，或者说是成本低。在学校，一个老师可以同时为数十人授课，可以以最小的成本取得最大的收益；在家庭，家长面对的最多不过几个孩子。也即，老师和家长能够分配给每个孩子的时间和精力是完全不同的。老师在学校只能以全班学生的平均水平为标准，提供教学服务。虽然学校也提倡因材施教，但是老师在时间和精力的限制下很难针对每个学生进行因材施教。相较于老师，家长能够为孩子付出更多的时间和精力，因此家庭才是因材施教的阵地。

为了提高孩子的学习成绩，家长首先要做的是帮助孩子找到各学科学习上的弱点。比如，可以为孩子准备一个错题本，以方便对孩子出现的问题进行全面总结和归纳。家长可以把自己想象为孩子学习上的秘书，主要工作是帮助孩子节约时间、提高学习效率。基于学生的错题本，老师可以马上锁定学生的不足之处，进而帮助学生弥补知识漏洞。家长要学会帮助孩子跳出“为了做题而做题”的瞎忙模式。

我们再从素质教育的角度来看家校共育。虽然近年来学校教育越来越重视学生综合素质的培养，各种拓展课程已经在很多学校全面展开，但是学校教育均质化的特点很难改变。学校的素质教育只能为孩子提供一定程度的引导，更加丰富、深入的素质教育还需家庭教育来实施。

孩子在更漫长的人生中需以个人的综合素质来获得竞争优势。综合素质高的人，在社会生活中更有可能拥有良好的社会关系，更可能获得成功。

所以，家长应该为提高孩子的综合素质而不断努力。这才是家长应该为孩子提供的科学的家庭教育。

最后，家庭是唯一可以为孩子提供无条件的爱的基地。

孩子是家庭的唯一，家长可以也应该给予孩子真正无条件的爱。家长应无条件地爱孩子，因为每个孩子都值得被无条件地爱。被爱是每个人最基本的需求，这种需求只有在家庭中才最可能被满足。

这里需要强调一点，无条件的爱与溺爱是两回事，两者的差别在于家长是否能提供有原则的爱。比如，我们家有一条规定，放假期间要在8点半前吃完早餐。如果女儿起晚了，她可以自己做早餐，也可以饿着肚子等午饭。她晚起不会影响我对她的爱。如果不论她几点起床，我都送上精心准备的早餐，这可能是无原则的溺爱。

又比如，不论孩子考试成绩如何，家长对孩子的爱都应该是一样的。孩子考得好时，家长需要帮助孩子保持住以往的学习状态；孩子考得不好时，家长需要帮助孩子及时调整学习方法。家长要爱孩子本人，而不是孩子的好成绩。

在家庭可得到无条件的爱的孩子，长大后会更加自信，会相信自己值得被爱，也愿意付出爱，敢于去爱别人。从家庭中获得的无条件的爱以及被爱的体验会像种子一样，在孩子心中慢慢生根、发芽、成长，最终成为可支撑孩子心理健康的一棵大树。

家校共育的目的是发挥家校各自的优势，通过协作为孩子提供更好的成长环境。家校共育的过程中，家校应在做好本职工作的基础上，通过沟通与协作，力求实现“1+1>2”的效果。合作中，家长不能过度关注孩子的学习内容和结果，更不能干预学校正常的教学活动，而是要做好“非家长莫属”的工作。正如吉林大学心理学教授李兆良所言：在家校合作过程中，家庭和学校的责任有着不同的定位和侧重，二者不能彼此替代，也不能越界。

后记

致所有正在努力的家长

这本书，我写得很快。从动笔到完成10多万字的初稿，我只用了4个多月。

这本书，我写得也很慢。教书和带女儿的16年间，我认真倾听过很多学生的成长经历，读了上百本关于教育的书。这本书是我16年大量阅读和育儿实践的经验性总结。

每个家长都希望把孩子培养成才，可是正如著名经济学家阿尔钦在论文《不确定性，进化和经济理论》中所言——成功基于结果而非动机，家长的期待需要通过切实可行的行动才能转变为满意的结果。

一方面，家长不仅想让孩子拥有超强的学习能力和优秀的学习成绩，更想让孩子身体和心理健康成长；另一方面，孩子的自主意识会随着年龄增长而增强，他们会用自己的方式应对家长。这样的局面要求家长必须在孩子短暂的童年不犯错或少犯错，并做出符合孩子成长规律的决策。

现实中，一些家长只看到了“揠苗助长”的短期收益，忽视了长期目标；一些家长只沉醉于自己的“用心良苦”，忽视了孩子的感受。家长善良的动机必须通过合理的行为才能收获结果，这是家庭教育中常常被家长忽略的关键问题。孩子的健康成长一定是家长与孩子良性配合的结果。希望这本书能帮助家长了解经济学的分析方法，看清家庭教育问题背后的底层逻辑，明白任何决策都会带来成本和收益，从而做出最适合自己家庭情况的教育决策。

理性的家长与高效率成长的孩子，是家庭教育层面的最佳组合。实现这个目标的关键在家长，因为孩子良好的学习习惯和学习方法是理性家长训练和培养的结果。“鸡娃”“鸡家长”都会使家长陷入边际报酬递减规律导致的内卷陷阱，看清这个逻辑是理性家长跳出内卷陷阱的第一步。

接下来是感谢。

感谢在本书出版过程中给予我帮助的所有人。中国妇女出版社的应莹、门莹、王海峰等老师在审稿过程中提出了很多富有建设性的意见，让书稿的整体质量有了大幅提高。感谢得到App出版部的白丽丽、章玲老师和光尘文化的李思丹、慕虎老师。他们对本书稿客观和中肯的反馈让我获得了珍贵的修改思路。感谢我的学生李根、叶欣文、张志达、高岩、汤成艳、窦轩等，他们在我写作本书过程中给了我很多支持。陪伴学生度过四年大学时光对我而言是最幸福的事情，这让我有机会观察到更多真实的年轻人，并和他们一起反思家庭教育对人的长远影响。

将此书献给我的母亲与女儿。2023年是母亲离世十周年。当家长离开后，孩子才更有机会思考家庭教育对自己的影响。写作本书过程中，我无数次回忆起与母亲在一起的场景，想起她曾经对我说过的很多话。很幸运，我有一位理性、会爱的母亲。

女儿在2023年6月参加了中考，在人生第一次选拔性考试中她收获了令自己满意的结果（裸分排名天津市600名左右），考上了耀华中学。原本可以被南开中学和天津市第一中学重点班录取的女儿，选择了排在天津市第三位的耀华中学（家长认知的排名，并非官方排名）。这个决定让女儿所有老师都极其不解。我们做出这个选择的理由是：在耀华中学，女儿更可能得到老师的关注，老师更多的关注会在女儿身上产生“皮格马利翁效应”，从而更有利于女儿进步。考大学要在城市、学校、专业之间权衡取舍，考高中则要在学校、师资水平、老师的关注之间权衡取舍。在经济学的世界中，“取”与“舍”是同时发生的，是一件事情的正反两面。机会成本永远存在，女儿选择耀华中学的机会成本是放弃了在别的中学3年的收获。这个机会成本很高。

从小学五年级开始，女儿便成为同学家长口中的“别人家的孩子”，但她并不认为自己学习很刻苦。暑假旅游、寒假滑雪、平时练习打鼓和书法时，她总是不好意思发朋友圈，因为大部分同学这些时候都在上课外班。这是我一直在追求的教育状态：孩子用高效的学习方法完成学习任务，辛苦却不痛苦；有时间培养一生的爱好，做个有趣的人。我希望，我离开她之后，她能像我一样，偶尔会想起从小所接受的家庭教育中的点滴，从而在心中泛起一阵阵暖意。

在我写作本书期间，我所在学校的社团“S2 team”的学生给了我大量的支持，他们协助我查找资料、整理文献，并结合自己的成长经验为我提供了大量的真实素材。这些学生是农媛媛、史嘉颖、苏绘汀、蔡畅、柴佳瑞、邓艺、李思莹、肖希研、吴燕锋、张炜奇、赵欣然、明行、全威仪、石钊宁、路睿、李林青、陈立宇、符云馨、李佳颖、李硕、刘禹繁、曲沼榛、孙鑫雨、王亦卓、张冰玉、周名驰、赵昌明、郑瑞彬。

还有一些学生正在准备借助视频的形式将本书介绍给更多的人。这些学生是陈晓迪、张笑寒、张海华、卢奕誼、颜垚淼、霍明阳、郑睿昂、戴志赟、张涛。

最后，感谢每一位读者。不论您是否赞同书中的观点和建议，您购买并阅读此书都让我受宠若惊。在这个阅读慢慢成为少数人的偏好的时代，不论您是否认同我的观点，您不断精进的状态就是送给孩子最好的礼物。如果您愿意与我分享读后感或育儿心得，我非常愿意与您交流。

我有将此书内容做成线上或线下课程的计划。如果您正在做与家庭教育相关的培训工作或是有相关的资源且愿意与我合作，非常期待您与我联系。

我的电子邮箱是：donglei@tjufe.edu.cn。

董 磊

2023年8月